Regina Bestle-Körfer
Annemarie Stollenwerk

Sehen, hören, schmecken …

Mit Kindern alle Sinne entdecken

CHRISTOPHORUS

Inhalt

Vorwort

Kinder erobern sich die Welt spontan und offen, für sie gibt es jeden Tag viel zu erleben und zu erforschen. Die Sinnesorgane spielen in diesem Geschehen eine zentrale Rolle. Durch sie treten Kinder in Kontakt zur Umwelt; mit allen Sinnen nehmen Kinder Reize auf und reagieren aktiv. Aufmerksamkeit, Offenheit und Flexibilität werden dabei ebenso verlangt wie ausgebildet. Die natürliche Offenheit von Kindern, ihre Neugier und Abenteuerlust für sinnliche Erfahrungen braucht Unterstützung und Verständnis. Mit zunehmendem Alter können Kinder die Forderungen der komplexen Welt mit dem Verstand begreifen und abstrakte Vorgänge nachvollziehen. Nur wenn sie auf viele sinnliche Erfahrungen zurückgreifen können, entwickeln sie Selbstvertrauen und Selbstständigkeit, die sie für ihr weiteres Leben benötigen.

Die Schulung der Sinne ist von Beginn des Lebens an ein aktives Geschehen und hat eine lange Tradition. Bereits in der Antike galten Sinneserfahrungen als Basis allen Lernens und Verstehens. Im Verlauf der Geschichte hat sich durch Industrialisierung und Technisierung ein „Sinneswandel" vollzogen – von einer zuvor eher naturnahen Sinneswelt zu einer von Theorie und Technik geprägten Verstandeswelt. Dieser Betonung des Verstandes steht ein Bedürfnis nach mehr unmittelbaren, naturbezogenen Sinneserfahrungen gegenüber. Diesem Bedürfnis entspricht beispielhaft das Projekt zur „Wiederentdeckung der Sinne. Mit ihrer „Entfaltung der Sinne" haben Hugo Kükelhaus und Rudolf zur Lippe ein „Erfahrungsfeld zur Bewegung und Besinnung" entwickelt. Hier soll der Körper, entgegen aller Entfremdung durch den zunehmenden Einfluss der Technik im Alltag, wieder Einklang mit sich selbst finden. Auf 33 Sinnesstationen können Menschen jeden Alters ihre Sinne anregen und bewusst neu entdecken. Das „Erfahrungsfeld zur Entfaltung der Sinne" kann als Dauerausstellung in der Zeche Zollverein in Essen besucht werden (www.erfahrungsfeld.de).

In diesem Buch finden Sie eine Reihe von Sinnesanregungen, die Sie mit Kindern draußen in der Natur oder auch drinnen im Spiel erleben können.

Vielleicht entdecken Sie eigene Sinnesräume im kreativen Gestalten, in musikalischen Klangreisen oder in meditativen Ruheübungen. Mit allen folgenden Sinnesangeboten wollen wir die Lust am sinnlichen Spielen, am Ausprobieren des Körpers, am sozialen Miteinander wecken. Die zunehmende Vereinzelung und Vereinsamung von Kindern durch Computer und Fernsehen hat nicht nur körperliche Defizite in der Bewegungsentwicklung sowie Übergewicht zur Folge. Sie trägt auch zum Schwinden sozialer Kompetenzen und zur Zunahme von Aggressivität bei Kindern bei. Sinnliche Angebote zum Sehen, Hören, Schmecken, Riechen und Tasten, Experimentieren mit Gleichgewicht und Beweglichkeit des Körpers, Ausprobieren von Körpergrenzen, Einsatz von Kraft und Schnelligkeit beanspruchen alle Sinnesorgane und helfen beim Weiterentwickeln und Ausreifen der Sinne. So liegt die Chance der Weiterentwicklung der Sinne im Erleben sinnlicher Vielfalt und Ausgewogenheit.

Das Wechselspiel der Sinne entspricht der Wirklichkeit. Immer sind viele Sinne gleichzeitig gefordert: z.B. beim Gehen, Laufen, Treppensteigen, Fahrradfahren usw. In der Bewegung schulen wir unsere Wahrnehmung, trainieren die Sinnesorgane, gewinnen Erfahrung und Sicherheit. Alles, was ausgiebige Bewegungs- und Körpererlebnisse bei Kindern langfristig einschränkt oder vernachlässigt, geht ihnen als wertvolle Entwicklungszeit verloren. Die ausschließlich konsumierende Haltung am Bildschirm, die Flut an Informationen und die nur dargestellten, nicht selbst erlebten Situationen bringen Kindern, außer dem Unterhaltungsfaktor, keinen Lerngewinn. Nur sinnlich selbst Erlebtes verarbeitet der Körper zu einer eigenen Erfahrung mit Sinn und Verstand.

Wir können die Lebensbedingungen, in denen Kinder heute aufwachsen, die ständige Zunahme der Reizüberflutung im Kinderalltag, fehlende Bewegungsräume in den Städten, den Konsumzwang, den Konkurrenz- und Leistungsdruck in den Schulen usw. nicht wirklich ändern. Aber wir können die Sensibilität der Wahrnehmung bei Kindern verbessern helfen. Wir möchten mit diesem Buch dazu anregen, so viel sinnliche Abwechslung wie möglich in den Kinderalltag einzubauen und möglichst vielen Sinnesbereichen einen Erlebnisraum zu verschaffen. Je fantasievoller und spielerischer wir dies Kindern vermitteln, umso sinnvoller und reicher gestaltet sich ihre persönliche Entwicklung. Dabei darf auch die Entspannung der Sinne nicht zu kurz kommen. Wir haben ihr ein eigenständiges Kapitel gewidmet, weil wir glauben, dass jeder aktiven Erfahrung eine Phase der Ruhe folgen sollte. Bewegung erschließt die äußere Welt und macht sie zugänglich, Ruhe und Entspannung leisten einen wesentlichen Beitrag zur Verarbeitung der Reize und zur Eigenwahrnehmung. Auch wenn wir aus Gründen der Übersichtlichkeit des Buches die Sinne in vier Schwerpunktthemen aufgeteilt haben, sollten Sie sich nicht scheuen, einzelne Sinnesangebote aus den verschiedenen Kapiteln im praktischen Tun mit den Kindern ineinander fließen zu lassen. Wir wünschen allen Leserinnen und Lesern große Freude beim Entdecken aller Sinne mit Kindern.

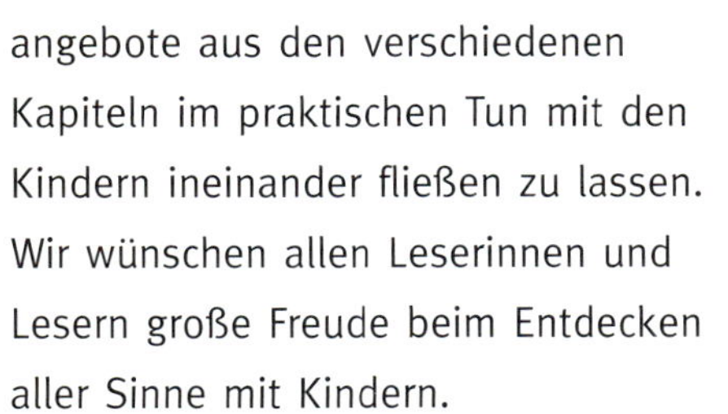

Sinne und Bewegung

In meinem Körper bin ich zu Haus – Bewegung und Beweglichkeit

Kinder kommen hilflos und unfertig auf die Welt. Sie brauchen liebevolle Fürsorge und von Beginn an eine sinnenreiche Umgebung, um gesund aufzuwachsen. Mit zunehmendem Alter benötigen Kinder so viele körperliche Bewegungs- und Erlebnisfreiräume wie möglich, denn jede Aktivierung der Eigenbewegung fördert die Geschicklichkeit, Orientierungsfähigkeit und Beweglichkeit des Kindes. Heutzutage gibt es eher einen Mangel an natürlichen Bewegungsfreiräumen und es fehlt auffallend vielen Kindern an vielseitigen Körpererfahrungen. Nur wenn sie ein ausgewogenes Körpergefühl aufbauen, lernen Kinder, mit ihrem Körper im Einklang zu leben, ihn gut zu behandeln und sich in ihm zu Hause zu fühlen.

Zahlentwist 

Voraussetzung für dieses Körperspiel ist ein selbst gebasteltes Spielfeld aus einem großen Bettlaken. Dieses Spielfeld wird mit Zahlenkreisen von 1 bis 6 bemalt. Jede Zahl ist gleich oft vorhanden, mindestens aber sechs Mal. Die Kreise sind so groß, dass ein größerer Kinderfuß darauf passt.

Die Kinder stellen sich um das Zahlenfeld herum auf und ein Kind beginnt am Spielfeldrand mit zwei verschiedenen Würfeln gleichzeitig zu würfeln. Ein Würfel ist der Handwürfel, der zweite Würfel ist der Fußwürfel. Beide Würfel entscheiden, welche Zahlenkreise mit der Hand und dem Fuß berührt werden müssen. Die Kinder wählen die Zahlenkreise selbst aus und versuchen ihre Position zu halten. Wenn neue Zahlen gewürfelt und angesagt werden, muss die Körperposition angepasst und neue Zahlenkreise müssen gefunden werden. Fällt ein Kind um, löst es das Kind an den Würfeln ab, das sich nun ebenfalls in den Zahlentwist stürzen kann.

Alle machen, was Pippo macht 

Der Clown Pippo ist heute der Chef im Zirkus. Pippo mit der roten Clownnase bewegt sich im Raum und macht eine Bewegung oder Gangart vor, er springt z. B. den Hampelmann, geht rückwärts, dreht sich im Kreis usw. Die übrigen Kinder machen es nach, bis Pippo keine Lust mehr hat, die rote Nase abzieht und weitergibt. Nun ist ein anderes Kind Pippo mit der roten

Nase und denkt sich eine neue Clownbewegung aus. Fällt einem Clown nichts ein, wird auch die nachdenkliche Haltung von den anderen Kindern übernommen und nachgemacht.

Variante: Das Licht im Zirkus ist ausgefallen. Es ist stockfinster. Pippo bleibt stehen und beschreibt den Kindern mit geschlossenen Augen, wie er steht. Die Kinder versuchen, ohne Pippo zu sehen (sie stehen hinter einem Vorhang) die beschriebene Position einzunehmen. Der Vorhang öffnet sich und Pippo staunt. Wie viele Kinder stehen genau so da wie er?

Verrücktes Museum 

Im Museum stimmt etwas nicht. Gerade noch stand die Statue aufrecht auf dem Sockel, nun sitzt sie mit übereinander geschlagenen Beinen da. Der Bildhauer ist verwirrt. Das kann doch nicht mit rechten Dingen zugehen!

Ein Kind ist der Bildhauer, die übrigen Kinder spielen Statuen. Vor Spielbeginn wird, ohne dass der Bildhauer es erfährt, kurz ausgelost, welches Kind gleich seine Position verändern wird. Der Bildhauer beginnt seine Arbeit. Er formt jedes Kind zu einer Statue und stellt sie an einen Platz im Raum. Er geht kurz hinaus und das ausgeloste Kind verändert seine Position. Der Bildhauer kommt wieder ins Museum zurück und versucht herauszufinden, welche Statue anders ist als vorher. Rät er richtig, tauschen beide Kinder die Rollen.

Luftballon 

Im folgenden Körperspiel erfahren die Kinder, dass gezieltes Anspannen und Entspannen der Muskeln ein lustiges Spiel ist und auch hilft, Gefühle wie Wut, Angst und Ärger zu verarbeiten. Zwei Kinder spielen das Luftballonspiel zusammen im Stehen. Sie einigen sich zuvor, wer der Luftballon ist und wer den Luftballon aufpustet. Das Pustekind hat einen Strohhalm im Mund und pustet die Körperteile an, die das Luftballonkind nun anspannen soll – zuerst die rechte Hand und den rechten Arm, dann die linke Hand und den linken Arm, nun den Bauch, das rechte Bein und den rechten Fuß, das linke Bein und den linken Fuß, zum Schluss das Gesicht. Wenn der Luftballon dick, rund und groß gepustet ist, öffnet das Kind das Ventil, indem es auf den kleinen Finger des Luftballonkindes drückt. Die Luft entweicht, die Anspannung löst sich. Beide Kinder machen dabei laute Zischgeräusche und der „Luftballon" fliegt wild umher.

Der Bewegungssinn

Die Möglichkeit, sich selbstständig bewegen zu können, zu gehen, zu laufen, zu springen, Sport zu treiben, den Körper auf Leistung und Geschicklichkeit zu trainieren, verdanken wir unter anderem unserem Bewegungssinn, der auch kinästhetische Wahrnehmung genannt wird. Der Bewegungssinn bezieht seine Informationen aus den tiefer liegenden Sinneszellen im Körpergewebe des Menschen. Er betrifft die innen liegenden Muskeln, Nerven, Sehnen und Gelenke und wird daher auch als Tiefensensibilität bezeichnet. Durch eine gut entwickelte Tiefensensibilität wird der Körper in die Lage versetzt, die Arbeit der einzelnen Muskeln aufeinander abzustimmen.

Hula-Hopp und rundherum – Drehabenteuer

Mit großer Begeisterung drehen sich Kinder unbekümmert und lustvoll bis zum „Umfallen" im Kreis herum. Sie genießen es, sich um die eigene Achse zu drehen, erleben dabei, wie die Welt sich zu drehen scheint und spüren das Taumeln und schwindelige Drehen im Kopf. Sie schlagen Purzelbäume oder lassen sich auf einer abschüssigen Wiese hinabrollen. Das schnellste Drehkarussell auf dem Spielplatz mit Schwindelgarantie ist am meisten begehrt. Neben aller Freude an sinnlichen Drehabenteuern fördern Kinder dabei unermüdlich ihre körperliche Wahrnehmungs- und Bewegungsentwicklung. Die Gehirntätigkeit wird aktiviert, die Sinnesorgane leisten wertvolle Entwicklungsarbeit. Drehbewegungen trainieren das Gleichgewichtsorgan im Innenohr und stärken den Orientierungssinn.

Auf dem Kirmeskarussell

Langsam, langsam fängt es an,
immer schneller dreht es dann,
lustig, lustig, sauseschnell
im Kirmes-Raupen-Karussell.
Bis es sich erst langsam dreht
und nun wieder stille steht.

Karussellspiele

- Einige Kinder bilden einen Kreis. Mit der rechten Hand halten sich alle an einem stabilen Holzreifen fest und beginnen, sich gemeinsam im Kreis zu drehen. Dieses Drehspiel sollte von zwei Erwachsenen mitgespielt werden, damit bei schnellen Drehbewegungen der Holzreifen stabil bleibt. Beim Drehen kann das Karussellgedicht gesprochen werden.
  Tipp: Texte in Bewegung gesprochen, lassen sich spielend auswendig lernen.
- Zwei Kinder spielen Karussell. Sie fassen sich mit überkreuzten Armen an den Händen und stellen ihre Füße nah voreinander. Vertrauensvoll lehnen beide ihren Oberkörper leicht nach hinten und nun drehen sich beide auf der Stelle im Kreis. Beim Ausdrehen halten sie sich aneinander fest, um nicht umzufallen.
- Ein Kind setzt sich auf eine kleine Decke auf einem glatten Boden. Es hält ein kleines Handtuch in der Hand und wird von einem anderen Kind an dem Handtuch im Kreis über den Boden gedreht.
  Tipp: Auf neuen Bodenwischtüchern lässt es sich besonders gut rutschen.

Kreiseldrehen

Ein Kreisel bleibt, solange er sich dreht, aufrecht und im Gleichgewicht. Sobald seine Drehbewegung zu langsam wird, fällt er um:

- Auf rutschiger, glatter Bodenfläche macht es besonderen Spaß, sich im Sitzen, mit angeho-

benen Beinen und Armen, wie ein Kreisel um sich selbst zu drehen.

Im Stehen können wir uns auch mit ausgebreiteten Armen wie ein Kreisel um die eigene Achse drehen. Drehungen um sich selbst aktivieren die Energiereserven und die Belastbarkeit des Körpers- eine wunderbare Möglichkeit, die auch in der Behandlung von Schwindelgefühlen gute Erfolge zeigt. Wichtig nach dem Drehen ist das bewusste Ausdrehen. Dazu werden die Daumen beider Hände nebeneinander, in Augenhöhe vor dem Körper gehalten und mit den Augen solange fixiert, bis sich das Schwindelgefühl im Kopf auflöst.

Königskreiseln

Für viele Völker der Erde symbolisieren Drehbewegungen das Leben, was sie in ihren Volkstänzen zum Ausdruck bringen. Dem Kreisel wurden Zauberkräfte zugesprochen: Die Hopi-Indianer glaubten, durch das Summen der Kreisel würden Windgeister herbeigelockt und untersagten das Kreiseltreiben zur Zeit der sommerlichen Wirbelstürme. In Indien sollten die Zauberkräfte des Kreisels den ersehnten Regen bringen. In Uganda musste ein neu gekrönter König zur Stärkung seiner Lebenskraft mit seinem Gefolge Kreiselwettspiele austragen.

Zwei bis drei Kinder spielen Königskreiseln auf einem großen, flachen Tablett. Alle Kreisel tanzen gleichzeitig und derjenige, dessen Kreisel einen anderen Kreisel ins Trudeln bringt, erhält einen Punkt. Wer nach zehn Runden die meisten Punkte hat ist Kreiselkönig.

Drehbewegungen in der Natur

Spiralen finden sich als natürliche Drehbewegungen in unzähligen Formen in der Natur: Schneckenhäuser und Muscheln, Wasserstrudel, Wolkenwirbel und Wirbelstürme, Geweihe und Hörner von Huftieren, die Linien der Fingerkuppen und die Nabelschnur beim Menschen, Tannenzapfen, eingerollte Farnwedel, Ringelblumensamen sowie viele Kletterpflanzen, die spiralig ranken (Efeu, Bohnen, Clematis usw.). Die Kinder gehen auf Entdeckungsreise in die Natur, sie suchen und sammeln Spiralformen. Sie betrachten und ertasten ihre sinnlichen Sammelschätze und legen einen Sammelkasten mit Naturspiralen an.

Schneckenhausspirale

Eine große Schneckenhausspirale wird mit Straßenmalkreide auf den Asphalt gemalt. In der Mitte liegen verschiedene Naturspiralen (Zapfen, Schneckenhäuser, Muscheln oder Steine mit farbigen Spiralen bemalt). Die Kinder hüpfen auf einem Bein in das Schneckenhaus hinein, bücken sich, wählen eine Spirale aus und tragen sie hüpfend wieder hinaus.

Dieses Hüpfspiel eignet sich auch gut als Gruppenwettspiel mit zwei aufgemalten Schneckenhausspiralen.

Kribbeln im Bauch –

Schaukeln, wippen, schwingen

Kinder genießen es, in einer Decke geschaukelt zu werden und in einer Hängematte zwischen grünen Bäumen und unter blauem Himmel zu träumen und zur Ruhe zu kommen.

Schaukeln, wippen, schwingen – den Boden unter den Füßen verlieren, das Kribbeln im Bauch erleben, den Wind um die Ohren spüren, immer höher und höher fliegen… Schaukelbewegungen reizen das Gleichgewichtsorgan im Innenohr. Es nimmt Informationen über Beschleunigung und Lageveränderung des Körpers auf und leitet diese wertvollen Wahrnehmungserfahrungen zur Verarbeitung ans Gehirn weiter. Schaukeln und Schwingen gehören zu den Bewegungen, die beide Gehirnhälften miteinander in Einklang bringen. In diesem Zustand wird das Gehirn optimal mit Energie und Sauerstoff versorgt, der Körper entspannt sich.

Schaukelspaß

Auf Spielplätzen findet man heute eine Vielzahl verschiedener Schaukeln und es macht Kindern Spaß, sie alle auszuprobieren. Auf einer Tellerschaukel liegt der besondere Reiz darin, dass zu den Schaukelbewegungen eine Drehbewegung hinzukommt. In einer Korbschaukel, die in großen Schwüngen langsam hin und her pendelt, können mehrere Kinder zusammen sitzen oder liegen, den Körperkontakt, die Nähe zueinander, das Blau des Himmels und das Kribbeln im Bauch genießen.

Affenschaukeln 

Die Kinder stellen sich beim Schaukeln vor, dass sie kleine Affen sind, die von Ast zu Ast springen und wilde Spiele spielen. Dazu sitzen sie auf der Schaukel, schwingen sich in die Luft und versuchen, mit den nackten Zehen ein Tuch vom Boden aufzuheben, mit den Füßen eine Blechdosenpyramide umzustoßen, einen Tennisball in einen Eimer zu werfen usw. Wenn mehrere Kinder gleichzeitig schaukeln, spielen sie das Affenschaukeln als Wettspiel.

14

Schaukelbilder malen 

Beim Schaukeln entstehen kleine Kunstwerke, wenn die Kinder mit Stiften und Farben die Schaukelbewegung festhalten. Dazu halten sie mit den Zehen einen dicken Stift oder einen Pinsel mit Farbe und streichen ihn im Rhythmus der Schaukelbewegung aufs Papier, das unter der Schaukel ausgebreitet wird. In Bauchlage zeichnen die Kinder mit einem Wachsmalstift oder Pinsel Linien, Formen und Muster auf Papierbahnen. Auch mit flüssiger Farbe, die die Kinder während des Schaukelns aufs Papier schütten, entstehen witzige Muster. Steht die Schaukel im Sand, ziehen die Kinder in der Bewegung mit einem Stöckchen Muster und Formen in den Sand oder versuchen, den Anfangsbuchstaben ihres Namens in den Sand zu schreiben.

Eine kleine Wippmusik 

Beim Wippen können die Kinder mit ihrer Stimme, mit Tönen und Geräuschen das Auf und Ab der Bewegung musikalisch begleiten:

- Die Wippe selbst kann eine Wippmusik spielen. Dazu befestigen die Kinder verschiedene klingende Gegenstände an der Wippe, z.B. Glöckchen, Windspiele aus Metall… Sie fangen an zu wippen und lauschen dem lustigen Geklingel.
- Mit Rhythmus- und Klanginstrumenten begleitet ein Kinderorchester mit seinem Dirigent das Auf und Ab, das Ganz-hoch-Oben bzw. Ganz-tief-Unten der wippenden Kinder.
- Viele Kinder kennen das Spiel „Wie lange willst du oben bleiben?" Beim Wippen stoppen die Kinder plötzlich das Auf und Ab, eine Seite bleibt mit baumelnden Beinen in der Höhe. Das Kinderorchester begleitet den Schwebezustand mit lautem Getöse auf den Instrumenten.

Auf hoher See 

Gemeinsam spielen die Kinder folgende kleine Mitmachgeschichte:

Matrose Hein hat Mittagspause und liegt gemütlich in seiner Hängematte an Deck seines Fischkutters. Seine Mütze hat er sich über die Augen gezogen und schon bald ist er vom sanften Schaukeln der Wellen eingeschlafen.

Ein Kind ist der Matrose Hein. Es legt sich auf eine Decke und wird sanft in der Hängematte hin und her geschaukelt.

Hein träumt vom Meer. Er stürzt sich in die Wellen. Das Wasser ist kühl und erfrischend. Im Traum schwimmt er mit den Fischen um die Wette.

Gemeinsam halten die Kinder ein Stück stabile Malerfolie über Hein. Auf die Folie wird ein Becher Wasser gegossen und einige kleine Steine und Fische liegen im Wasser. Vorsichtig lassen die Kinder das Wasser in kleinen Wellenbewegungen hin und her schwappen.

Plötzlich spritzt Wasser in Heins Gesicht. Blitzschnell ist er wach. Kapitän Hansen ruft: „Los Hein, an die Arbeit! Unsere Netze sind voll!" Heins schöner Traum ist zu Ende.

Die Folie wird weggelegt und ein Kind spritzt Hein mit einem Spritzfisch ein wenig Wasser ins Gesicht.

15

Der Flamingo schläft auf einem Bein – Balancierspiele

Mauern, Baumstämme, Markierungslinien und selbst gebaute Brücken üben einen großen Reiz auf Kinder aus – sie fordern zum Balancieren heraus. Kinder benötigen viele Gelegenheiten zur Übung und Weiterentwicklung des Gleichgewichtssinns, der sich bereits im Mutterleib zu einem sehr frühen Zeitpunkt herausbildet. Ein gut entwickelter Gleichgewichtssinn fördert die Wachheit des Menschen. Besonders im Hinblick auf eine Verbesserung der Konzentrationsfähigkeit können tägliche Anregungen des Gleichgewichtssinns Kindern weiterhelfen. Nur wenn wir ihnen ermöglichen, eine innere Balance und ein stabiles Gleichgewicht zu erlangen, können sie trotz steigender Anforderungen „mit beiden Beinen fest im Leben stehen".

Zirkusrätsel

Ein Schirmchen zappelt,
ein Fahrrad wackelt,
vier Füße schweben
und nirgendwo kleben.
Auf einem Seil, nur Millimeter breit
im bunten Flitter-Flatter-Kleid.
Wer tanzt hoch unter dem Zirkuszelt?
Wer schnuppert die Luft einer fremden Welt?
Wer ist so mutig in großer Gefahr?
Ein verliebtes Seiltänzerpaar!

Hochseiltanz 

Die Kinder spielen Hochseiltänzer mit Schirm oder Balancierstange oder einfach nur mit ausgebreiteten Armen. Immer zwei Kinder balancieren gemeinsam über eine Bank oder ein ausgelegtes Seil. Sie gehen aufeinander zu, gehen einige Schritte rückwärts, sie versuchen eine halbe Drehung, stehen auf einem Bein, machen einen kleinen Sprung. Vielleicht gelingt es ihnen auch, sich aneinander vorbeizubewegen, ohne das Seil oder die

Bank zu verlassen. Dafür müssen sich beide Kinder gut absprechen und aneinander festhalten. Auf einem Seil am Boden können die Kinder auch mit nackten Füßen und geschlossenen Augen balancieren.

Mondlandschaft 

Auf dem Boden des Turnraums werden großflächig verschiedene Gegenstände und Materi-

alien verteilt, z. B. Matratzen, Kissen, Tennisbälle, Eierkartons, Seile, Steine, Äste, Kastanien, Korken, Schwämme, Bürsten usw. Sie werden mit großen Decken oder einer Plastikplane zugedeckt, sodass eine unebene Mondlandschaft entsteht. Die Kinder begehen die Mondlandschaft mit nackten Füßen und versuchen, sich nicht aus dem Gleichgewicht bringen zu lassen. Sie dürfen sich nicht berühren, jeder konzentriert sich auf das eigene Gehen.

Dazu erklingt galaktische Musik. Musikempfehlung: Synthesizermusik „Sternthaler" von Dennis Hart.

Ein Besuch im Inselzoo 

Der Besuch im Zoo ist eine Bewegungsgeschichte mit Körperübungen, die das Gleichgewicht herausfordern.

* **Ruderboot:** Alle Kinder setzen sich mit ausgestreckten Beinen auf den Boden und heben die Arme in Schulterhöhe an, das sind die Ruder. Nun beginnt das Boot auf den Wellen zu schaukeln. Dafür heben die Kinder die Beine langsam vom Boden ein wenig ab und versuchen dabei nicht umzukippen. Die Beine bleiben gestreckt mit durchgedrückten Knien.

* **Bäume:** Auf dem Inselzoo gibt es einige Bäume, die sich im Wind wiegen. Die Kinder stehen mit geschlossenen Beinen und führen ihre Arme über dem Kopf zusammen. Sie bewegen den Oberkörper langsam hin und her.

* **Bären:** Wir kommen am Bärenkäfig vorbei. Dort tapsen die Bären im Bärenschritt umher. Die Kinder gehen in den Vierfüßlerstand und heben die rechte Hand und das rechte Bein gleichzeitig vom Boden auf und danach die linke Hand und das linke Bein. Sie versuchen im Bärenschritt zu gehen ohne umzufallen.

* **Giraffen:** Die Giraffen mit ihrem langen Hals reichen bis an höchsten Äste der Bäume. Die Kinder gehen auf Zehenspitzen und strecken sich so lang sie können. Die Hände formen sie zu einem spitzen Giraffenkopf.

* **Flamingos:** Die Flamingos machen ein Mittagsschläfchen auf einem Bein. Die Kinder versuchen, sich auf ein Bein zu stellen, das andere Bein anzuwinkeln und an der Beininnenseite des balancierenden Beines anzustellen. Welcher Flamingo schläft am längsten auf einem Bein?

* **Brücke:** Wir müssen über eine Brücke gehen. Die Kinder bilden Paare und machen beide eine Standwaage. Sie halten sich an den Händen fest, strecken ihre Arme aus, stellen sich auf ein Bein und heben das andere Bein in die Luft. Arme, Rücken und das angehobene Bein bilden eine gerade Linie.

* **Tiger:** Die Kinder gehen in den Vierfüßlerstand und strecken sich wie eine Katze. Dazu heben sie das linke Bein und den rechten Arm und danach den rechten Arm und das linke Bein in die Luft.

* **Affen:** Die Affen schaukeln lustig an einem Seil im Affenhaus. Die Kinder kommen zu dritt zusammen. Immer zwei Kinder lassen ein drittes Kind auf ihren Unterarmen sitzen und schaukeln es wie ein Äffchen auf ihren Armen hin und her.

Kinder haben Freude daran, ihren Körper herauszufordern, seine Möglichkeiten und Grenzen auszuprobieren und zu erweitern. Sie rennen, sausen mit dem Fahrrad und dem Roller, sie laufen um die Wette, klettern auf Bäume, springen über Gräben und Mauern. Dabei messen sie sich gerne mit anderen: Wer ist der Schnellste, der Geschickteste, der Mutigste? Wettspiele verbinden die Lust an Schnelligkeit und Abenteuer mit Geschicklichkeit und Reaktionsvermögen. Für Kinder sind auch Tiere mit ihren unterschiedlichen Bewegungsmustern lebendige Vorbilder, die zum Rollenspiel und zur Bewegungsnachahmung herausfordern.

Raupenlauf

Raupen bewegen sich schnell und geschickt vorwärts: Sie krümmen sich zusammen und strecken sich dann wieder, bis sie zu einem Blatt gekrochen sind, an dem sie genüsslich knabbern. Für dieses Spiel wird mit Kreide oder zwei Seilen eine Start- und eine Ziellinie gekennzeichnet. Die Kinder bilden zwei Mannschaften von mindestens 6 Mitspielern. Sie stellen sich mit gegrätschten Beinen vornübergebeugt hintereinander als Raupe auf. Auf ein Zeichen hin reicht das hinterste Kind ein Tuch durch die Beine nach vorne. Mit diesem Tuch können die Kinder die Wellenvorwärtsbewegung der Raupe nachempfinden. Während das Tuch durch die Hände der anderen Kinder wandert, läuft das hinterste Kind nach vorn und stellt sich an den „Kopf" der Raupe. So geht es immer weiter, bis die Raupe im Ziel angekommen ist.

Affenkönig

Affen sind geschickte Schaukler und Kletterer.
Mit einem „Affenzahn" schwingen sie sich von
Ast zu Ast und legen dabei in kurzer Zeit weite
Strecken zurück.

Alle Kinder sind Affen, die in den Urwaldwipfeln
Fangen spielen. Ein Kind ist die Affenmama. Auf
den Boden werden hintereinander Seilchen als
Äste ausgelegt, eines weniger als Mitspieler.
Beginnt das Spiel, hüpfen und springen die
Affenkinder von Ast zu Ast, am Ende der Reihe
laufen sie schnell wieder zum Anfang zurück
und hüpfen weiter. Ruft die Affenmama „Mittag-
essen!", bleiben alle Affenkinder auf ihrem Ast
stehen. Wer keinen Ast erwischt hat, scheidet
aus. Ein Ast wird weggenommen, das Spiel beginnt von neuem. Wer zuletzt übrig bleibt, ist
Affenkönig.

Schildkrötenwettkrabbeln 

In diesem Spiel können die Kinder nachspüren,
wie schwer es für Schildkröten sein muss, sich
mit ihrem Panzer zügig fortzubewegen. Die
Kinder bilden Mannschaften. Jede Mannschaft
bekommt ein Kissen. Es ist der Schildkrötenpanzer. Die beiden ersten Schildkrötenkinder
knien sich im Vierfüßlerstand auf den Boden
und bekommen das Kissen auf den
Rücken gelegt. Vorsichtig, ohne dass
sie ihren Panzer verlieren, aber so
schnell sie nur können, tragen sie
den Panzer über eine festgelegte
Strecke. Fällt der Panzer auf dem Weg
herunter, muss er wieder aufgehoben werden,
ehe die Schildkröte weiterkrabbeln darf. Am

Ende der Strecke übernimmt das nächste Kind
den Schildkrötenpanzer. Welche
Mannschaft ist als Erste ins
Ziel gekrabbelt?
Besonders geschickte
Schildkrötenwettkrabbler ver-
suchen, mit dem Kissen auf dem
Rücken um Hindernisse herum-
zukrabbeln oder über kleine Hindernis-
se zu klettern.

Pferderennen 

Immer zwei Kinder gehen als Paar zusammen.
Gemeinsam reiten sie auf einem „Pferd" über
eine Rennstrecke oder einen Parcours (kleine
Hindernisse zum Umrunden oder zum Drüber-
steigen). Als Pferd dient ein zusammengerolltes,
großes Handtuch, das sich die beiden Reiter
zwischen die Beine klemmen.

Bevor es los geht, probieren die Paare aus, wie
sie am besten gemeinsam auf ihrem „Pferd"
reiten können, ohne aus dem Rhythmus zu
kommen und ohne ihr „Pferd" zu verlieren.
Denn wie beim richtigen Pferderennen ist es
wichtig, dass Pferd und Reiter aufeinander
achten.

Die Paare stellen sich an der Startlinie auf. Die
beiden Kinder jedes Paares stehen dicht hintereinander, die Hände des hinteren Kindes liegen
dabei auf den Schultern des vorderen. Wenn
beide ihr „Pferd" bestiegen haben, also sich die
Handtuchrolle zwischen die Beine geklemmt
haben, geht es los! Welches Paar ist als Erstes
mit seinem „Pferd" ins Ziel gerannt?

Natursafari – Auf Streifzug durch die Natur

Die Natur fordert Kinder heraus, ihren Körper und ihre Sinne zu gebrauchen, sie ermöglicht ihnen Abenteuer aus erster Hand. Bei einem Streifzug durch die Natur erleben Kinder ihren Körper spielerisch in freier, ungezwungener Bewegung und sammeln dabei viele sinnliche Erfahrungen. In der Anstrengung draußen beim Rennen, Hüpfen, Schaukeln, Springen, Drehen und Tanzen erfahren sie, wie all ihre Sinne, Muskeln, Gelenke und Nerven beansprucht sind. Sich bewegen und sich wahrnehmen sind eins. In der Natur warten Wälder, Wiesen, Wasserstellen, Tiere und Pflanzen darauf, entdeckt zu werden. Ein Raum mitten in der Natur an frischer Luft, ohne Tür und Wände, macht alle Sinne wach und offen.

Wir tanzen in dem grünen Gras 

(mündlich überliefert)

Wir tanzen in dem grünen Gras
und klatschen lustig 1, 2, 3.
Wir sind vergnügt und haben Spaß
und stampfen lustig 1, 2, 3.
Ich drehe mich, ich drehe mich,
so hüpfen wir im Kreis herum.
So drehst du dich, so drehst du dich,
so geht es lustig dideldum.

Bei diesem Spiellied stellen sich alle Kinder in einer großen Kreisform auf, und zwar so, dass immer zwei Kinder einander gegenüberstehen.

Nun gibt es einen Innen- und einen Außenkreis. Die beiden Kinder, die sich jeweils gegenüberstehen, fassen einander an den Händen. Wenn das Lied beginnt, hüpfen alle Kinderpaare im Seitwärtsschritt in rechter Kreisrichtung, bei „eins, zwei, drei" bleiben sie stehen und klatschen drei Mal in die Hände. Sie hüpfen weiter nach rechts und bei „eins, zwei, drei" stampfen alle drei Mal mit den Füßen auf den Boden. Bei „Ich drehe mich" dreht sich jedes Kind um die eigene Achse. Dann fassen sich die Kinder wieder an den Händen und hüpfen alle zusammen im Seitwärtsschritt weiter im Kreis. Bei „So drehst du dich" dreht sich wieder jedes Kind um die eigene Achse, um dann wieder miteinander im Seitwärtsschritt im Kreis zu hüpfen.

Naturdenkmal 

Bei diesem Wettspiel werden zwei Mannschaften gebildet. Ein Kind jeder Mannschaft versucht, sich so ruhig wie möglich auf einen Baumstumpf

zu stellen und wird von den anderen Kindern der eigenen Mannschaft zu einem „Naturdenkmal" geschmückt. Für beide Mannschaften steht ein Tablett mit den gleichen Materialien bereit, z.B. kleine, flache Steine, Tannenzapfen, Stöckchen, Blätter, Federn, eine Blume, Mooskissen, ein Schneckenhaus, Muscheln, Nüsse oder Kastanien, Ahornsamen usw. Auf ein Startkommando beginnen beide Mannschaften ihr „Naturdenkmal" zu errichten. Möglichst viele Naturmaterialien sollten so auf Armen, Händen, Schultern oder dem Kopf des Kindes verteilt werden, dass sie nicht hinunterfallen. Nach einer Minute wird die Schmückaktion abgebrochen und gezählt, wie viele Gegenstände das „Naturdenkmal" jeder Mannschaft schmücken – für jeden Gegenstand gibt es einen Punkt.

Feuer, Wasser Luft und Erde 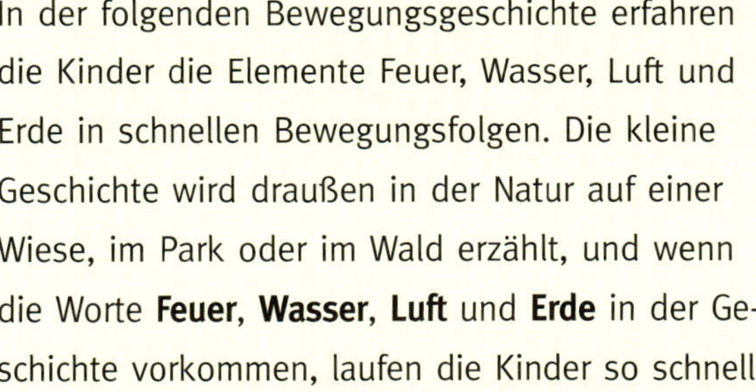

In der folgenden Bewegungsgeschichte erfahren die Kinder die Elemente Feuer, Wasser, Luft und Erde in schnellen Bewegungsfolgen. Die kleine Geschichte wird draußen in der Natur auf einer Wiese, im Park oder im Wald erzählt, und wenn die Worte **Feuer**, **Wasser**, **Luft** und **Erde** in der Geschichte vorkommen, laufen die Kinder so schnell sie können zu einem vorher vereinbarten Ort:
Feuer – Sie umarmen einen Zauberbaum und bilden einen schützenden Feuerkreis.
Luft – Sie steigen auf einen Baum oder Baumstumpf.
Erde – Sie legen sich auf die Erde.
Wasser – Sie watscheln wie eine Ente oder sie laufen zu einer beliebigen Wasserstelle und halten einen Finger ins Wasser.

*„Die Sonne scheint. Sie glüht wie ein roter **Feuer**ball am blauen Himmel. Die **Luft** wird warm. Die Blumen in der **Erde** wachsen und öffnen ihre Blütenköpfe. Das Sonnen**feuer** lockt die Mäuse aus ihren Löchern in der **Erde**. Sie schnuppern mit ihren kleinen Nasen die warme Sommer**luft**. Sogar die Fische im **Wasser** freuen sich. Sie machen einen **Luft**sprung. Sie wollten nur kurz das Sonnen**feuer** anschauen… und schon sind sie wieder im kühlen **Wasser** verschwunden. Ein Schmetterling flattert durch die **Luft**. Er hat eine schöne, gelbe Blume auf der **Erde** entdeckt, die wunderbar duftet. Plötzlich zieht eine dunkle Wolke am Himmel auf und das Sonnen**feuer** ist nicht mehr am Himmel zu sehen. Die Wolke ist schwer und viele kleine **Wasser**tropfen fallen durch die **Luft**. Die Blumen und Bäume in der **Erde** freuen sich über das erfrischende **Wasser**. Doch die Tiere krabbeln schnell in ihre Behausungen in der **Erde**. Es dauert nicht lange und die Regenwolke ist verschwunden. Der gelbe **Feuer**ball strahlt wieder am blauen Himmel. Die Kinder kommen aus dem Haus. Sie tanzen auf der **Erde** einen Sonnentanz und springen vor Freude in die **Luft**."*

2 Sinne und Natur

Kunterbunte Augenblicke – Farbenspiele

Unsere Augen werden durch die Jahreszeiten hindurch auf eine spannende Entdeckungsreise geschickt. Wir schauen und staunen über die Fülle der Farbspiele in der Natur. Beim genauen Hinsehen entwickeln wir einen feinen Sinn für Farbintensität und die verschiedenen Farbnuancen. Auf die eher zarten Farben im Frühjahr folgt die verschwenderische Farbenfülle des Sommers, die im hellen Sonnenlicht noch an Leuchtkraft gewinnt. Und ehe im Winter die Farben eine Ruhepause einlegen, freuen wir uns im Herbst vor allem über die leuchtende Pracht des bunten Laubs. Mit offenen Augen durch die Natur zu gehen, eröffnet Kindern einen großen Schatz an bunten Bildern. Aus vielen farbigen Augen-Blicken entsteht vielleicht irgendwann eine Ahnung von der tiefen Schönheit und der natürlichen Ästhetik der Natur.

Farbenkönig Spiel

An einem Weg oder an einem Pfad quer durch den Wald werden mit roten Bändern auffällige Naturschauplätze gekennzeichnet: eine besonders geformte Wurzel, eine Baumhöhle etc. Nacheinander folgen die Kinder den roten Bändern und versuchen, sich möglichst viele Besonderheiten einzuprägen. Am Ende der Strecke nennen die Kinder alles, woran sie sich erinnern können. Wer die meisten Naturschauplätze aufzählen konnte, ist Farbenkönig.

Für einen Augen-Blick 

Draußen zeigen sich die Kinder gegenseitig, wie wunderbar farbig die Natur ist. Dazu bilden sie Paare. Eines der Kinder schließt seine Augen und wird von seinem Begleiter ganz nah an einen besonders schön gefärbten Naturgegenstand herangeführt, z.B. eine Blume, ein buntes Blatt, ein fein gemasertes Stück Holz, einen Zapfen, eine glänzende Kastanie, eine leuchtende Hagebutte, eine Feder. Auf ein Zeichen seines Begleiters hin öffnet es nur für einen Augenblick die Augen und schaut sich den ausgewählten Gegenstand an. Was haben die Augen gesehen? Nach vier bis fünf Augen-Blicken wechseln die Kinder ihre Rolle. Zum Schluss des Spiels erzählen sich die Kinder von ihren schönsten und überraschendsten Augen-Blicken. Auf bereitgelegten Karten malen sie mit Buntstiften aus der Erinnerung heraus ihren schönsten Augen-Blick und verschenken ihn an ihren Spielpartner.

Adleraugen

Manche Tiere können besonders gut sehen, z.B. die Raubvögel. Mit ihren sprichwörtlichen „Adleraugen" registrieren sie auch aus großer Höhe jede Bewegung am Boden und können aus dem Flug heraus Farben und Formen am Boden gut erkennen.

Die Kinder bilden mehrere Mannschaften mit ca. vier Kindern, jeder Mannschaft ist eine Farbe zugeordnet. Die Kinder verwandeln sich in Adler, die auf Futtersuche sind.

In einem Spielfeld im Wald oder auf einer Wiese werden Bauklötze oder Duplosteine versteckt. Auf ein Zeichen hin laufen die Adlerkinder gemeinsam los. Mit ihren scharfen Adleraugen versuchen sie, „Leckerbissen" zu erspähen. Haben sie einen Bauklotz oder Duplostein in ihrer Farbe gefunden, tragen sie ihn zwischen ihren nackten Zehen wie die Adler mit ihren Klauen zu einem Korb am Spielfeldrand, dem Adlerhorst. Welche Adlerfamilie schafft innerhalb von drei Minuten das meiste Futter in seinen Horst?

Wie Bienen sehen

Mit ihren besonders angelegten Facettenaugen können Bienen die Farben Gelb, Grün und Blau unterscheiden. Einen leuchtend roten Mohn sehen sie jedoch grau. Doch kommt ihnen beim Wiedererkennen bestimmter Pflanzen auch ihr gut ausgeprägter Geruchssinn zu Hilfe. Aus festem Karton basteln die Kinder Brillen, in die farbige Folie geklebt wird. Auf dem Spielfeld bzw. der Wiese werden verschiedenfarbige Blumen aus Karton verteilt. Dann ziehen die Kinder ihre Farbbrillen an. Sie verwandeln sich in Bienen und laufen summend und brummend los. Mit Bienenaugen betrachten die Kinder die Blumen. Welche Farbe haben sie? Und welche Farbe sehen die Kinder, wenn sie ihre Brille abnehmen und mit Menschenaugen schauen?

Variante: Durch die farbige Brille verändert sich das Farbensehen. Die Kinder probieren mit ihren Farbbrillen aus, welche Mischfarben entstehen, wenn sie z.B. mit ihrer gelben Brille eine rote Blume anschauen oder mit ihrer roten Brille eine blaue Blume betrachten.

Wenn das Licht geht
Schattenerfahrung

In der Nacht bekommen Geräusche und Schatten ein starkes Gewicht. Das bewusste Wahrnehmen der Dämmerung und die Begegnung mit der Dunkelheit im gemeinschaftlichen, spielerischen Erleben (z.B. Lagerfeuer, Nachtwanderungen usw.) hilft ängstlichen Kindern, neue, auch positive Gefühle zu entwickeln und Ängste abzubauen. Eine Vielzahl bekannter Spiele wie Blinde Kuh, Tastspiele mit verbunden Augen, Blinde führen, Taschenlampenspiele und Schattenspiele leisten wichtige Bewältigungsarbeit.

Vom Sehen

Wir Menschen sind „Augenwesen". Wir gewinnen wichtige Informationen, unsere Orientierung und Sicherheit am Tage mithilfe unseres Sehsinnes. Die Dunkelheit dagegen schafft ein Gefühl von Unsicherheit. Im Dunkeln verlieren die Augen rund ein Zehntel ihrer Sehschärfe. Das Auge benötigt in der Regel eine Dreiviertelstunde, um sich an die Dunkelheit anzupassen. Wenn es dunkel wird, werden spezielle Sehzellen aktiv, die so genannten Stäbchen, die uns ein Dämmerungssehen in Grauabstufungen ermöglichen.

Schattenspiele **Spiel**

Auf den eigenen Schatten zu treten, hat etwas Faszinierendes, weil sich dieses schwarze, flinke Wesen auf dem Boden nicht so leicht einfangen lässt. Schattenfangen ist ein beliebtes Kinderspiel. Ein Kind ist der Schattenfänger. Es versucht, den Schatten eines anderen Kindes mit dem Fuß zu erwischen. Der Schatten eines Baumes ist der rettende Fluchtpunkt vor dem Schattenfänger.

Ein Licht- und Schattenspiel an einem schönen Sonnentag im Freien hinter einer großen Leinwand (ein großes Bettlaken mit Klammern an einer Schnur befestigt) ermöglicht Kindern sinnliche Erfahrungen rund ums Sehen mitten in der Natur. Die Bühnenleinwand muss von der Sonne beschienen sein, die Kinder stehen als Schattenspieler auf der Sonnenseite, die Zuschauer befinden sich im Schatten der Bühnenleinwand.

Umsetzung des Bühnenstücks

- Die Geschichte wird vorgelesen, die Schauspieler spielen hinter der Leinwand.
- Einfache Requisiten lassen sich aus Pappformen herstellen und werden vor dem Spiel an das Laken geheftet.
- Die Schauspieler können an ihren Kopfbedeckungen unterschieden werden: zwei unterschiedliche Kronen für König und Prinzessin, ein spitzer Zauberhut für den Zauberer, ein Hut mit einer langen Feder für den Prinzen.
- Für den Ablauf des Bühnenstücks werden noch ein goldener Ball, eine Flöte, ein Zauberstab, eine Trommel für den Donner und ein gemalter Regenbogen benötigt.
- Am Ende fällt die Leinwand und es erscheinen der bunte Regenbogen und die Schauspieler in ihren farbigen Verkleidungen.

Schattentheater – Die Befreiung aus dem Schattenland

Vor mehr als hundert Jahren lebte ein böser Zauberer im Regenbogenland. Er hieß Pompidu. Pompidu hasste alle bunten Farben und so hatte er eines Tages die Sonne vom Himmel weggezaubert. Ohne die Sonne gab es keine Farben mehr, alles war nur noch grau und schwarz. Aus dem farbigen Regenbogenland war ein Schattenland geworden. Sogar die schöne Prinzessin Isabella hatte eine schwarze Gestalt angenommen. Das betrübte ihren Vater, König Theobald, so sehr, dass er den ganzen Tag auf seinem Thron hockte und weinte. Prin-

zessin Isabella spielte ihm lustige Lieder auf ihrer Flöte vor. Doch König Theobald hatte sein Lachen verloren. Prinzessin Isabella hielt es nicht mehr aus. Sie lief in den Schlossgarten und spielte mit ihrem schwarzen Ball, der einst ein goldener Ball gewesen war. Sie warf ihn in die Luft und fing ihn wieder auf. Der böse Zauberer Pompidu hatte sich im Schlossgarten versteckt. Als er die Prinzessin mit ihrem Ball spielen sah, sprang er hinter einem Strauch hervor und schrie: „Niemand spielt im Schattenland!" Vor Schreck ließ Prinzessin Isabella

ihren Ball in den Schlossbrunnen fallen. Der Zauberer Pompidu fuchtelte wild mit seinem Zauberstab in der Luft herum – schwubdiwupp rutschte er Pompidu aus der Hand und fiel ebenfalls in den Brunnen hinein. Das ganze Schattenland erstarrte, nichts bewegte sich mehr. Der Zauberspuk dauerte viele Jahre … Eines Tages jedoch kam aus dem verwunschenen Brunnen Isabellas goldener Ball geflogen. Er suchte sich am Himmel ein schönes Plätzchen und schickte goldene Sonnenstrahlen ins Schattenland. Alles wurde hell und begann zu leuchten. Die Farben waren endlich wieder da. Prinzessin Isabella erwachte zuerst aus ihrem tiefen Schlaf. Sie tanzte vor Freude durch den Schlossgarten. König Theobald rieb sich die verschlafenen Augen. Als er die vielen Farben sah,

lachte er so laut, dass es durch das ganze Schloss schallte. Der böse Zauberer Pompidu jedoch wurde von einem Sonnenstrahl getroffen und es gab einen lauten Donnerschlag. Er verwandelte sich auf der Stelle in einen schönen Prinzen. Das Regenbogenland war nun endlich von dem bösen Zauber befreit und alle lebten dort glücklich bis an ihr Lebensende.

Ganz Ohr sein – Eine Hörreise

Jeden Tag umgeben uns Geräusche und Klänge.
Je nach Stimmungslage empfinden wir einige als
angenehm, andere als aufdringlich und zu laut.
Unsere Ohren sind täglich gefordert, viele Eindrücke zu verarbeiten. Auch die Natur ist voller
Töne und Geräusche. Laute und leise Töne gibt es
dort zu entdecken, z.B. das Flüstern des Windes
in den Bäumen oder das Gluckern des Wassers,
aber auch laute und manchmal unheimliche, wenn
z.B. dicke Regentropfen aus den Wolken rauschen
oder ein Käuzchen im dunklen Wald ruft.
Bewusstes Hören und Horchen führt zu Ruhe,
Stille und Entspannung. Ganz Ohr zu sein und
genau hinzuhören, eröffnet aber auch einen Zugang zu der Welt hinter den Dingen, zum Reich
der Fantasie und der Träume.

Concerto naturale 

Alle Kinder versammeln sich draußen an einem
stimmungsvollen Ort, z.B. auf einer Wiese, einer
Waldlichtung, an einem Bach oder See, zum
Naturkonzert. Die Sitzplätze sind mit schönen
Blättern oder Blüten geschmückt. Vor Beginn
des Konzertes werden die Kinder eingeladen,
sich auf ganz besondere Weise auf das Hör-
erlebnis Naturkonzert vorzubereiten. Zuerst
massieren sie ihre Ohrläppchen und das ganze
Ohr kräftig mit den Fingerspitzen. Dann halten
sie sich mit den Handflächen fest die Ohren zu
und lauschen den veränderten Geräuschen oder
der Stille, die sie plötzlich umgibt. Die Kinder
warten gespannt auf das Konzert. Ein vorher
bestimmtes Kind steht leise auf. Es ist der erste

Dirigent. Es hebt seinen Taktstock, einen Ast, und dirigiert die Naturklänge bzw. die Naturmusikanten, die es gerade hört, mit fließenden Bewegungen: ein Vogellied, das Ächzen der Bäume, das Rascheln der Blätter… Nach einer Weile reicht es den Taktstock an den nächsten Dirigenten weiter. Am Ende des Konzertes gibt es Applaus für die wundervollen Klänge des Concerto naturale!

Regenmusik

Wenn Regentropfen vom Himmel fallen, entsteht zauberhafte Regenmusik. Wetterfest angezogen, spüren die Kinder den Regen und lauschen den Geräuschen, die der Regen in die Natur zaubert:

Wie klingt es,

- wenn Regen von den Blättern der Bäume tropft?
- wenn er die Rinde herunter läuft?
- wenn dicke Regentropfen in Pfützen springen?
- wenn Nieselregen auf unseren Schirm/auf unsere Jacke tropft?
- wenn die Regentropfen auf eine Wiese fallen?
- wenn der Regen in einen Bach oder See fällt?
- wenn der Regen auf ein Kornfeld fällt?
- wenn der Regen durch die Regenrinne rauscht?
- wenn die Regentropfen in die Regentonne springen?

Die Kinder haben bestimmt noch viele Ideen, an welchen Orten Regenmusik besonders gut zu hören ist.

Bin ganz Ohr

(Text und Melodie: Dorotheé Kreusch-Jacob)

1. Hör das Murmeln in dem Bach,
schau den Blätterschiffchen nach.
Refrain: Bin ganz Ohr und bin ganz still,
weil ich die Stille hören will.
2. Hör das Flüstern in den Zweigen,
Mücken tanzen ihren Reigen.
Refrain: Bin ganz Ohr…
3. Hör den Wind durch Gräser weh'n,

kann die Wolken ziehen seh'n.
Refrain: Bin ganz Ohr…
4. Trauerweide wäscht ihr Haar,
erzählt dem See, wie's damals war.
Refrain: Bin ganz Ohr…
5. Ins stille Wasser fällt ein Stein
und zaubert Ring für Ring hinein.
Refrain: Bin ganz Ohr…

Wohltuende Klänge

Auf einem Spaziergang durch die Natur können gestresste Ohren abschalten und das Lauschen genießen. Hier finden wir Zugang zu den leisen Tönen des Lebens, die unseren Sinnen und unserer Seele angenehme Melodien vorspielen: Wasserplätschern, Wind in den Bäumen, Blätterrascheln, Bienensummen und Vogelgesang, Regentropfen, Meeresrauschen, Bachgemurmel, Gräserrascheln im Wind, Grillenzirpen usw. Mit diesen wohltuenden Naturtönen tauchen wir in erholsame Klangwelten ein, die uns den Lärm des Alltags vergessen lassen. Vielleicht können wir das Lauschen in der Natur so verfeinern, dass wir sogar irgendwann wieder die „Feen im Wind" singen hören.

Feenzauber

In der Mittsommernacht wird in den nordischen Ländern der Glaube an Feen und Elfen in der Natur wieder lebendig. Besonders in dieser kürzesten Nacht des Jahres, der Nacht der Sommersonnenwende, scheinen sich die zarten, unsichtbaren Wesen überall herumzutreiben.

Im Wald oder einem Garten mit Bäumen können die Kinder das Lied von den Feen im Wind spielen. Drei Kinder spielen die Feen, die den anderen Kindern drei unterschiedliche Naturrätsel aufgeben und sich dabei hinter Bäumen verstecken. Die eine Fee klimpert hinter einem Baum mit einer Muschelkette, die zweite Fee raschelt mit einem Blätterzweig und die dritte

Fee bricht Zweige durch. Die ratenden Kinder sitzen mit geschlossenen Augen im Wald und versuchen zu hören, wo sich die drei Feen versteckt haben könnten. Wenn die Feengeräusche verstummen, stehen alle Kinder auf und suchen die Feenkinder in ihren Verstecken.

Geheimnisvoller Feenkreis

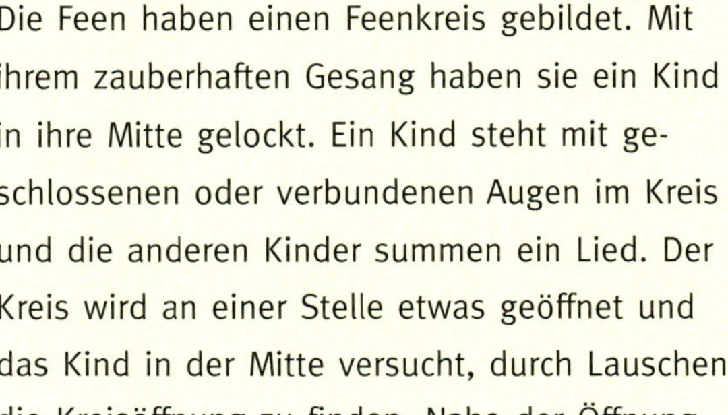

Die Feen haben einen Feenkreis gebildet. Mit ihrem zauberhaften Gesang haben sie ein Kind in ihre Mitte gelockt. Ein Kind steht mit geschlossenen oder verbundenen Augen im Kreis und die anderen Kinder summen ein Lied. Der Kreis wird an einer Stelle etwas geöffnet und das Kind in der Mitte versucht, durch Lauschen die Kreisöffnung zu finden. Nahe der Öffnung

des Zauberkreises summen die Feen nur sehr leise. Kann das gefangene Kind die Öffnung durch aufmerksames Lauschen finden?

Die Sprache der Steine

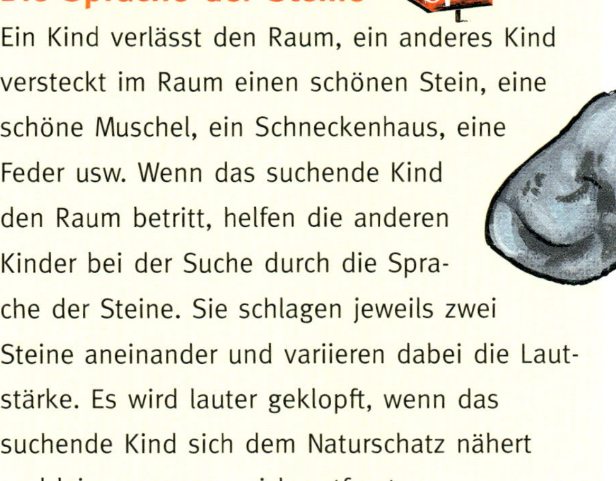

Ein Kind verlässt den Raum, ein anderes Kind versteckt im Raum einen schönen Stein, eine schöne Muschel, ein Schneckenhaus, eine Feder usw. Wenn das suchende Kind den Raum betritt, helfen die anderen Kinder bei der Suche durch die Sprache der Steine. Sie schlagen jeweils zwei Steine aneinander und variieren dabei die Lautstärke. Es wird lauter geklopft, wenn das suchende Kind sich dem Naturschatz nähert und leiser, wenn es sich entfernt.

Drei Feen im Wind

(Text und Melodie: Regina Bestle-Körfer)

*1. Ein Rascheln im Baume, es säuselt der Wind,
ein wehender Grashalm, wohl Feen hier sind.
Oh he, oh ha, drei Feen im Wind,
oh he, oh ha, kommt, sucht sie geschwind.*

*2. Ein Klimpern im Grase, ein Flattern im Wind,
ein Gluckern im Bache, wohl Feen hier sind.
Oh he, oh ha, drei Feen im Wind,
oh he, oh ha, kommt, sucht sie geschwind.*

Im Reich der Düfte – Auf Schnupperreise

Die Natur setzt Duft- und Lockstoffe in großer Zahl ein, um Botschaften zu senden und Signale zu setzen. Nicht nur Pflanzen und Tiere reagieren empfänglich auf Düfte in der Natur, auch wir Menschen fühlen uns von dem Reiz einer wohlriechenden Blüte oder Pflanze angezogen. Duftstoffe aus Heilpflanzen, die aus deren ätherischen Ölen gewonnen werden, haben nachweislich belebende, beruhigende und heilende Wirkungen. Düfte beeinflussen unsere Stimmungen und Gefühle, weil der Geruchsnerv mit dem limbischen System im Gehirn verbunden ist, das auch Gefühle wie Liebe, Angst, Wut und Erinnerungen steuert. Zu einem Geruch gibt es oft ein Gefühlserlebnis, das im Gedächtnis mitgespeichert wird. So kommt es vor, dass beim Geruch einer Blume eine schöne Erinnerung in uns lebendig wird.

Suppenkraut

Die meisten Kräuter zählen zu den Duftpflanzen. Liebstöckel, im Volksmund auch „Maggikraut" genannt, entfaltet als Zutat in der Gemüsesuppe seinen typischen Geruch. Sein kräftiges Aroma verleiht jeder Suppe den richtig runden Suppengeschmack. Sellerie-, Lauch- und Möhrenstücke in etwas Brühe und einem kleinen Zweig Liebstöckel zu einer Suppe kochen und zum Schluss Buchstabennudeln hinzufügen – für viele Kinder ein spaßiges Geruchs- und Geschmackserlebnis.

Nachtfalterspiel

Nachtfalter können sich in der Nacht nicht wie die bunten Tagschmetterlinge an ihren schillernden Farben erkennen, sondern Nachtfaltermännchen

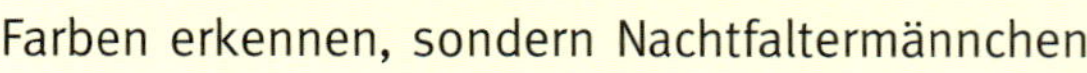

und -weibchen finden nachts durch Düfte. Die Kinder erhalten alle ein Duftdöschen mit einem Duft. Jeweils zwei gleiche Düfte kommen doppelt vor, z. B. Lavendelblüten, Kräuter, Zitrone usw. werden auf Watte geträufelt. Die Kinder flattern mit ihren Duftdöschen durch den Garten und versuchen, ihren Duftpartner durch ausgiebiges Schnuppern zu finden.

Familienduft 

Ameisenvölker erkennen sich an ihrem „Familienduft". Nur wer diese eine Duftmarke trägt, wird von den Wächterameisen in den Ameisenbau eingelassen. In diesem Schnupperwettspiel müssen sich vier Ameisenfamilien an ihrem eigenen Duft erkennen. Dafür werden vier Filmdöschen mit einem Wattebausch und vier verschiedenen Düften bestückt, z. B. jeweils ein Tropfen Zitronen-, Lavendel-, Orangen- und Rosenöl. Vier Kinder sind die „Wächterameisen" – sie suchen sich mit ihrem Duftdöschen einen Platz für ihren Bau und warten dort auf ihre Familienmitglieder. Die anderen Kinder bekommen auf einem Wattebausch einen der vier Düfte ausgehändigt. Alle Kinder versuchen, ihre Ameisenfamilie durch Schnuppern zu finden.

Duftblume

Im Garten wächst eine besondere Duftblume, die der Blumenfee Zitronella gehört. Die Kinder basteln für dieses Spiel einige Blütenköpfe und beträufeln sie mit verschiedenen Parfüms oder Düften. Nur eine Blume wird mit Zitronenaroma beträufelt – es ist Zitronellas Duftblume. Alle Blumen werden im Raum oder draußen im Garten verteilt. Die Kinder gehen auf Schnuppersuche und versuchen, Zitronellas Duftblume wiederzufinden.

Zaubertropfen

Aus duftenden Blütenblättern von Pfingstrose, Veilchen, Rose, Magnolie, sowie der abgeriebenen Schale einer unbehandelten Zitrone oder Orange, aus Blättern von Zitronenmelisse, Pfefferminze, aus Lavendelblättern und -blüten, Rosmarinnadeln oder Fenchelsamen stellen die Kinder ihr eigenes Zauberparfüm zusammen. Dafür geben sie eine kleine Tasse Sonnenblumenöl in ein Marmeladenglas und füllen es mit einer Handvoll Blüten und Blättern zu einem Duftgemisch zusam-

men. Das Glas wird verschlossen und an mehreren aufeinander folgenden Tagen mehrmals kräftig geschüttelt. Nach einigen Tagen wird das Blütenöl durch ein Sieb abgeseiht und kann in kleine Parfümprobefläschchen abgefüllt werden. Die Kinder denken sich für ihre Zaubertropfen einen Zaubernamen aus. Vielleicht heißen sie Hokuspokustropfen, Lilalaunetropfen oder Lirumlarumtropfen?

Auf den Geschmack kommen – Etwas für Feinschmecker

Schmecken ist ein aktiver Vorgang. Der Geschmackssinn öffnet uns über den Mund, die Zunge und die dort vorhandenen Geschmacksrezeptoren die Tür zum Schlaraffenland sinnlicher Genüsse. Durch das Zerkleinern beim Kauen lösen sich die verschiedenen Inhaltsstoffe der Speisen und entfalten ihr volles Aroma. Wir kommen auf den Geschmack.

Frühe Erfahrungen mit einer großen Vielfalt an Geschmackserlebnissen prägen den Geschmackssinn und bereiten Kindern den Weg zur Genussfähigkeit. Doch das Überangebot an künstlichen Geschmacks- und Aromastoffen in Fertiggerichten und Fastfood macht es Kindern heute schwer, einen Sinn für naturbelassene Nahrungsmittel zu entwickeln. Den typischen Eigengeschmack von Früchten, Gemüse und Getreide lernen sie kennen und schätzen, wenn sie zu geschmacklichen Kostproben vielfältiger Art ermuntert und sie an der Auswahl und Zubereitung von Nahrungsmitteln beteiligt werden.

Ohne Zunge kein Geschmack

Die Kinder setzen sich im Kreis zusammen. Mit geschlossenen Augen ertasten sie mit ihrer Zunge den Mundinnenraum. Sie lassen die Zunge bei geschlossenem Mund in die Höhlung der Wangen wandern, ertasten den Gaumen und drücken mit der Zunge einmal kräftig dagegen, dann wandert die Zunge über die Innen- und Außenseite der Zähne. Die Kinder probieren naturbelassene Nahrungsmittel und versuchen dabei den natürlichen Eigengeschmack zu entdecken.

Alle Kinder bekommen nun ein kleines Stück Apfel, eine kernlose Weintraube oder Brot. Ganz bewusst sollen sie nachspüren, wie sich Apfel, Traube oder Brot auf der Zunge anfühlen. Dann beginnt das genussvolle Zerdrücken, Einspeicheln, Kauen, Schmecken und Hinunterschlucken. Hat sich der Geschmack durch das langsame und bewusste Kauen verändert?

Zungenvers

Lenas Zunge wohnt in einem Haus
(über die Lippen lecken),
schaut ab und zu zum Fenster raus
(Zunge weit herausstrecken).
Schaut nach oben und auch runter
(mit der Zunge in die entsprechende Richtung),
winkt Frau Müller untendrunter
(mit der Zunge hin und her wackeln).
Am Abend legt sie sich zur Ruh
und schließt noch schnell die Türe zu
(laut die Lippen aufeinander fallen lassen).

Mit der Nase schmecken? 

Überall auf der Zunge und in der gesamten
Mundhöhle befinden sich Geschmacksknospen.
Mit ihrer Hilfe erfahren wir, ob Speisen und
Getränke süß, sauer, salzig oder bitter schmecken. Mundhöhle und Nasenhöhle sind durch
eine Öffnung miteinander verbunden. So ge-
langen neben dem Geschmack auch Duftstoffe
aus der Nahrung zur Riechschleimhaut. Wir
riechen und schmecken gleichzeitig.

Für dieses kleine Experiment wird den Kindern
eine Vielzahl von Obst- und Gemüsestückchen
angeboten. Zunächst kauen sie genüsslich und
versuchen, sich dabei den typischen Geschmack
der Nahrung einzuprägen. Anschließend halten
sie sich beim Probieren und Kauen die Nase zu.
Können die Kinder mit geschlossenen Augen
und zugehaltener Nase noch schmecken, um
welches Nahrungsmittel es sich handelt?

Getränkeraten 

Verschiedene Getränke wie Obst- und Gemüse-
säfte, Wasser, Kakao etc. werden in Becher
gegossen und in einer langen Reihe aufgestellt.
Ein besonders sinnliches Geschmackserlebnis
bieten selbst gepresste Säfte. Jedes Kind wählt
sich einen Becher aus und versucht herauszufinden, was es schmeckt. Anschließend können
kleine Testreihen arrangiert werden, z.B.:

- aus fünf verschiedenen Säften sollen die
  Kinder den Ananassaft herausfinden,
- aus verschiedenen Milchmix-
  getränken Erdbeermilch,
- aus stillen Mineralwässern
  eines mit viel Kohlensäure,
- aus verschiedenen kalten Tees den mit Zucker
  gesüßten Tee,
- aus verschiedenen Obst- und Gemüsesäften
  den Möhrensaft.

Der Fantasie in der Anordnung der Testreihen
sind keine Grenzen gesetzt. Alle Feinschmecker
bekommen am Ende des Spiels eine Fein-
schmeckerurkunde.

Raupenspiel 

Schmetterlingsraupen sind kleine Feinschmecker. In ihrer Wachstumsphase fressen sie sich
an einer bestimmten Pflanze so richtig satt: Die
Raupe des Tagpfauenauges liebt Brennnesseln
über alles, die Raupe des Kaisermantels mag
nur Veilchenblätter und die Raupe des Kohl-
weißlings frisst gerne Kohlgewächse und Kapu-
zinerkresse.

Alle Mitspieler werden zu Raupen. In kleinen
Kartons (vorher eine Öffnung für die Hand
hineinschneiden!) stehen auf dem Spielfeld verschiedene Obst- und Gemüsesorten bereit. Die
Kinder bekommen Obst- oder Gemüsenamen,
z.B. die Birnenraupen, die Möhrenraupen, die
Kohlrabiraupen etc. Auf ein Zeichen hin krabbeln oder kriechen alle Raupen gleichzeitig los.
Sie sollen den Karton mit ihrem Obst oder
Gemüse finden: Die Birnenraupen müssen also
durch Knabbern herausfinden, in welchem
Karton die Birnenstückchen verborgen sind.
Während des Spiels dürfen die Raupenkinder
nicht miteinander reden. Wer glaubt, die
richtige Futterquelle gefunden zu haben, bleibt
neben dem Karton sitzen.

Wunderbare Erde – Fühlen, tasten, spüren

Über die Erde

Über die Erde sollst du barfuß gehen.
Zieh die Schuhe aus,
Schuhe machen dich blind.
Du kannst doch den Weg
mit deinen Zehen sehen.
Auch das Wasser und den Wind.

Sollst mit deinen Sohlen die Steine
berühren, mit ganz nackter Haut,
dann wirst du bald spüren,
dass dir die Erde vertraut.

Spür das nasse Gras unter deinen
Füßen und den trockenen Staub.
Lass dir vom Moos die Sohlen streicheln.
Und fühl das Knistern im Laub.

Leg deine Wange an die Erde,
riech ihren Duft und spür,
wie aufsteigt aus ihr eine ganz große Ruh'.
Und dann ist die Erde ganz nah
bei Dir und du weißt:
Du bist ein Teil von allem
und gehörst dazu.

Martin Auer

Barfußgang

Barfuß können Kinder das bewusste Gehen sinnlich erleben und ihr Tastempfinden verfeinern. Die nackten Fußsohlen erspüren die Beschaffenheit des Bodens: kleine und große Buckel, Kanten, Steine, Unebenheiten und Steigungen. Ein selbst gebauter Fühlpfad aus Naturmaterialien – Moos, runde Steine, Rinde, Fichtenzapfen, Erde, Sand, Gras, Stöcke usw. – eignet sich besonders zur Sensibilisierung der Sinne. Der Barfußgang kann sowohl mit offenen Augen erspürt als auch mit verbundenen Augen an der Hand eines vertrauensvollen Menschen erlebt werden. Alleine, mit geschlossenen Augen gegangen, fordert der Barfußweg das Gleichgewicht zu besonderen Leistungen heraus.

Erdebilder Spiel

Suchen, wühlen, buddeln, finden, aufheben und sammeln – aus vielen Tastfundstücken entsteht mit ein wenig Fantasie etwas Neues. Die Kinder sammeln Fundstücke aus der Natur und legen sie zu einem Bild oder Kunstwerk auf die braune Erde oder ins Gras. Aus gesammelten bunten oder grünen Blättern und Blütenblättern, Blütenköpfen von Löwenzahn und Gänseblümchen lässt sich das Muster einer Blume,

einer Sonne, einer Spirale, eines Buchstabens usw. entwickeln. Sie beobachten, was die Natur mit ihren Bildern macht. Der Wind fegt die einzelnen Teile auseinander und es entstehen neue Wind-Bilder.

Die Natur spüren

Dem „Begreifen" mit dem Verstand geht immer eine Berührungserfahrung voraus. Der Tastsinn gilt auch als der „Ursprung aller Empfindungen". Die Haut ist mit einer Oberfläche von etwa 2 qm und einem Gewicht bis zu 10 kg beim Erwachsenen unser größtes Sinnesorgan. In der Natur ist Berührung beinahe überall, bis auf wenige Einschränkungen (z.B. Giftpflanzen, geschützte Pflanzen und Tiere), erlaubt. Es gibt in der Natur eine erstaunliche, wunderbare Vielfalt an Berührungserlebnissen: die raue Rinde eines Baumes, die wolligen Weidenkätzchen, eine spiegelglatte, frische Kastanie, weiches Moos, Sand, Steine, Muscheln... Und zum Begreifen eignen sich nicht nur die Hände, auch die Fußsohlen verfügen, ähnlich wie die Handinnenflächen, über eine Vielzahl empfindsamer Sinneszellen, mit denen wir wertvolle Tasterfahrungen sammeln können.

Erde-Fühl-Nester 

Die Kinder buddeln auf einem unbearbeiteten Stück Erde einige handtiefe Löcher, die sie in einer Kreisform anordnen. Sie sammeln viele, verschiedene Naturmaterialien: Äste, Steine, Gras, Rinde, Zapfen, usw. und bestücken jedes Erdenest mit einigen Naturgegenständen einer Sorte.

Ein Kind steht in der Mitte der Erde-Fühl-Nester mit verbundenen Augen. Es wird an ein Erdenest herangeführt und versucht mit den Händen herauszufinden, was es gerade fühlt.

In einem Erde-Fühl-Nest liegt ein Gegenstand, der nicht in die Natur gehört, z.B. ein Ball, ein Kuscheltier usw. Die Kinder versuchen mit verbundenen Augen den fremden Gegenstand zu ertasten.

Erdmännchen

Die Kinder gestalten ein Stück Erde nach einer kleinen Geschichte:

„Es waren einmal viele kleine Erdmännchen, die waren ganz aus Erde und Matsch gemacht. Die Erdmännchen gehörten dem Bauern. Sie durften alle auf seinem Acker leben und dort matschen nach Herzenslust. Eines Tages geschah etwas merkwürdiges..."

Die Kinder matschen und formen viele Erdmännchen und erzählen die Geschichte von den Erdmännchen weiter. Was erlebten die Erdmännchen auf dem Acker? Wer besuchte sie? Welche Spiele spielten sie miteinander?

Mit Hand und Fuß – Tasterlebnisse am Wasser

Besonders vielseitige Tasterlebnisse für Hände und nackte Füße bieten sich dort, wo Wasser im Spiel ist: am Meer, am See oder an einem Bach. Hier können die Sinne spazieren gehen und das feuchte Element erkunden. Wasser zieht Kinder magisch an. Es gluckert, plätschert und fließt, im Wasser wird geplanscht und gespritzt. An heißen Tagen ist Wasser herrlich kühl und erfrischend. Und beim Spielen und Gestalten mit Sand, Steinen und Matsch finden Kinder Raum für Fantasie und Kreativität.

Spürbar

Klares, kaltes Wasser fühlen,
meine heißen Hände kühlen.
An den Fingern Matsch und Lehm,
glitschig-flutschig-angenehm.
Mit den Füßen etwas seh'n,
barfuß übern Sandstrand geh'n.
Zehen wandern über Steine,
raue, glatte, große, kleine.

Mein Zauberstein · Spiel

Jedes Kind sucht sich im Bach oder am Ufer einen schönen, markanten Stein. Je ausgeprägter die Formen und Muster der Steine sind, umso leichter fällt es den Kindern später, ihren Stein wiederzufinden. Jedes Kind schaut sich seinen Stein genau an, betastet ihn ausgiebig und versucht, sich dessen Besonderheiten gut einzuprägen. Die Kinder setzen sich in einem Kreis zusammen. Alle Zaubersteine werden nun nacheinander im Kreis weitergereicht. Jeder befühlt den Stein und gibt ihn dann weiter. Erkennt ein Kind seinen Zauberstein, behält es ihn. Die Steine werden so lange im Kreis herumgereicht, bis jeder seinen Zauberstein wiedergefunden hat.

Wassertasten · Spiel

Im seichten Wasser am Bachrand oder in einer Schüssel mit Wasser liegen verschiedene Gegenstände aus der Natur, z. B. Äste, Steine, Zapfen, ein Stück Moos, Rinde, Kastanien. Nacheinander greifen die Kinder mit geschlossenen Augen ins Wasser und versuchen mit einer Hand zu ertasten, welchen Gegenstand ihre Finger fühlen. Im Wasser verändert sich unser Tastvermögen. Durch den Wasserfilm, der die Gegenstände umgibt, fühlen sich eigentlich vertraute Dinge plötzlich ganz anders an!

Strandtag – eine Tastgeschichte · Spiel

Diese kleine Tastgeschichte können die Kinder direkt am Strand spielen oder auch zu Hause. Auf einer kleinen Decke liegen Materialien wie Federn, Muscheln, Treibholz, Steine usw. zum Tasten und Raten bereit.

Ina und Jonas machen Urlaub am Strand.
Zwischen Dünen, Sand und Wasser warten tolle
Spielabenteuer:

- Was ist das? Etwas ganz Leichtes hat Jonas
  gefunden. Er legt es Ina in die Hände und
  lässt sie raten, was es ist. (Ein Kind legt dem
  anderen eine Feder in die Hand.)
- Im Schlick haben die Wattwürmer viele Löcher
  gegraben. (In einem Sandeimer werden mit
  dem Finger Löcher gebohrt.
  Die Kinder zählen, wie
  viele es sind.)
- Im seichten Wasser spürt
  Ina etwas Glitschiges. Sind
  es nasse Steine oder
  Fische? (In einer Schüssel
  mit Wasser liegen glatte
  Steine.)
- Ina steht mit den Füßen im
  Wasser. Die Wellen bringen
  immer neue Meeresschätze
  an den Strand. (Mit den
  Füßen tasten die Kinder
  auf der Decke Schne-
  ckenhäuser, Herzmuscheln, Pfahlmuscheln.)

Noch viele andere Überraschungen warten auf
Ina und Jonas.

Strandrätsel 

Die Kinder geben sich Rätsel auf, was man am
Strand alles finden und ertasten kann:

- Es ist glibberig und durchsichtig und du soll-
  test es auf keinen Fall anfassen (Feuerqualle).
- Es ist rund wie eine Kugel und hat viele
  spitze Stacheln (Seeigel).

- Es ist feucht und ein bisschen glitschig und
  fühlt sich an wie nasser Salat (Seetang).
- Es ist ganz fein und rieselt leise und weich in
  deine Hand (Sand).
- Es ist hart, hat eine geriffelte Oberfläche und
  ist geformt wie ein Herz (Herzmuschel).
- Es ist ganz glatt geschliffen und sehr leicht
  (ein Stück Holz).

Spurentasten

Am Bach oder am Sandstrand legt jedes Kind
aus Fundstücken eine Spur, ein kleines Bild
(eine Sonne, eine Blume, ein Haus usw.) oder
einen Buchstaben. Wie bei der Blindenschrift
ertasten die Kinder bei geschlossenen Augen
mit den Fingern die gelegten Muster oder
Bilder. Können sie „erkennen", was die anderen
Kinder gelegt haben? Spurentasten können wir
auch mit unseren Füßen spielen.

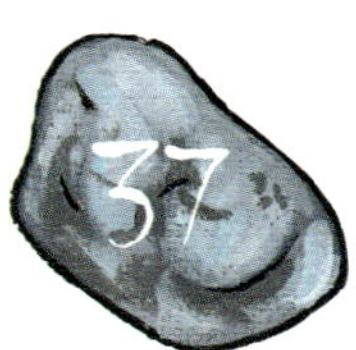

3 Sinne und Kreativität
Die gelbe Kuh – Malerei und Farben

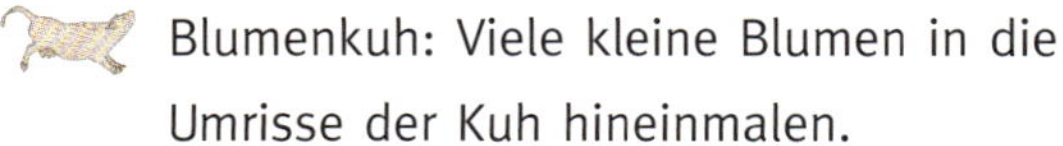

Warum?

Kuh-Parade

Mit verschiedenen Farben und Formen gestalten die Kinder ihre persönliche Version von der gelben Kuh. Zuvor werden die Umrisse der Kuh aus dem Bild heraus auf Transparentpapier gezeichnet und anschließend für jedes Kind auf einen Bogen festes, weißes Papier übertragen (oder kopiert). Die Kinder überlegen, wie ihre Kuh aussehen könnte:

Blumenkuh: Viele kleine Blumen in die Umrisse der Kuh hineinmalen.

Streifenkuh: Ein Streifenmuster in verschiedenen Farben entwerfen.

Gesichterkuh: Aus Zeitschriften Gesichter ausschneiden und in den Kuhumriss hineinkleben.

Buchstabenkuh: Die ganze Kuh mit geschriebenen Buchstaben oder Wörtern ausfüllen; auch hier können Buchstaben aus der Zeitung ausgeschnitten und in die Kuh geklebt werden.

Blätterkuh: Frische kleine Blätter mit Farbe bestreichen und mit ihnen in den Kuhumriss drucken.

Stadtkuh: Große und kleine Häuser in die Kuh hineinmalen.

Seidenpapierkuh: Kuhumriss mit wenig Wasser anfeuchten und Seidenpapierschnipsel mit einem Pinsel vorsichtig ins Wasser drücken und gut antrocknen lassen. Anschließend die Schnipsel wieder vom Papier abziehen. Geheimnisvolle Farben und Muster sind entstanden.

Ein berühmter Maler

Franz Marc (1880 bis 1916) ist vor allem mit seinen Tierbildern berühmt geworden. Er träumte von einer besseren Welt und wollte mit seinen farbenfrohen, leuchtenden Bildern die Menschen dazu bewegen, die Wirklichkeit aus der Sicht der Tiere zu sehen. Die Tierkörper scheinen in seinen Bildern mit der Landschaft zu verschmelzen. Farben und Formen sprechen die Sinne an und drücken Stimmungen und Gefühle aus: Blau steht für Kraft und Temperament, Rot für das Weibliche, Gelb für Sanftmut. Manche seiner Bilder sind wie Suchbilder, in denen sich zwischen raffinierten Überschneidungen von Linien, Flächen und immer kräftigen Farben verschiedene Tiere verstecken.

Kuhausstellung

Wenn die verschiedenen Kühe fertig sind, werden sie ausgeschnitten. Eine nach der anderen darf dann für einen Tag ins Ursprungsgemälde schlüpfen. Am besten wird ein Kunstdruck der „Gelben Kuh" dazu auf feste Pappe geklebt und auf eine Staffelei gestellt. Die kunstvoll gestalteten Kühe der Kinder werden dann mit Hilfe von Tesafilmröllchen auf dem Bild befestigt. Zur großen Kuhausstellung laden die Kinder dann viele Kuhfreunde ein.

Aus den verschiedenen Kühen können die Kinder auch Postkarten oder Kunstkalender anfertigen. Sie sind ein wunderschönes Geschenk!

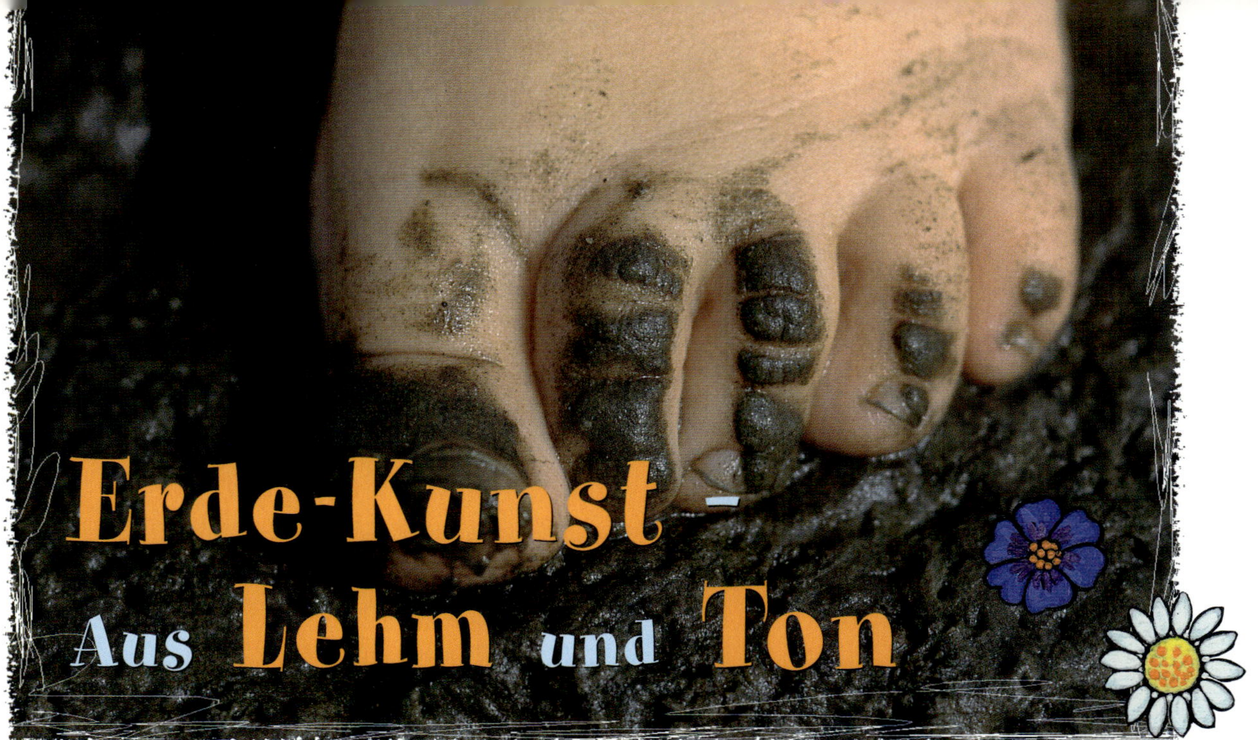

Erde-Kunst – Aus Lehm und Ton

Auf der ganzen Welt werden Lehm und Ton zum Bauen und zum künstlerischen Gestalten verwendet. Gebrannter Ton überdauert lange Zeiten. Noch heute können wir Tongefäße aus alter Zeit in Ausstellungen und Museen bewundern.

Diese natürlichen Materialien sind einfach in der Handhabung und verführen zu sinnlichen Erfahrungen: Lehm und Ton wird getreten, geknetet, geformt, liebevoll gestrichen und verteilt, verschmiert, er löst sich in Wasser auf, er fordert unseren Tastsinn und fördert unsere kreativen Fähigkeiten. Lehm und Ton lassen sich an Händen, Füßen und auf der Haut erfahren und laden ein zum Experimentieren, Spielen und Gestalten.

Ein Fühlabenteuer

Die Kinder gehen auf Abenteuerreise und machen sich mit der Beschaffenheit und Vielfältigkeit des Materials Ton vertraut. Wichtig ist, dass die Kinder spüren: Hier muss nichts Vorzeigbares, Perfektes entstehen. Hier kann ich experimentieren, bauen, verändern und immer wieder neu anfangen.

Auf den Tisch wird ein großer Tonklumpen gelegt. Zunächst fühlen die Kinder mit den Fingerspitzen oder Handflächen den kühlen, leicht feuchten Ton. Dann bohren sie mit den Fingern wie ein Regenwurm Löcher in den Ton, graben Gänge in alle Richtungen, bis sich ihre Finger begegnen. Anschließend reißt jedes Kind vom Tonklumpen ein handliches Stück ab und probiert aus, was es alleine mit diesem biegsamen, formbaren Material alles machen kann, z.B. den Ton zu einer Kugel rollen und mit der Hand flach drücken, durch Schieben Berge und Täler aus einem platt gedrückten Stück Ton entstehen lassen, den Ton in Stücke reißen und aufeinander stapeln, mit dem Finger Linien und Muster in den Ton drücken…

Schmierereien 

Verschiedenfarbigen Ton bzw. noch weiche Tonreste reißen die Kinder gemeinsam in kleine Stücke und legen sie in eine große Wanne. Mit

den Händen werden die Tonstücke mit so viel
Wasser durchgerührt und kräftig geknetet, bis
eine dünnflüssige Masse entstanden ist. Anschließend malen die Kinder mit dem Tonschlamm.

Drinnen verteilen sie ihn mit Händen und
Füßen, mit Pinsel, Spachtel oder Holzstücken
auf verschiedenen Untergründen: auf Tischen,
Brettern, einem Wachstuch, auf Tapetenbah-
nen; mit den Fingern zeichnen sie Muster
hinein, die von allen anderen Kindern erraten
werden müssen. Durch Neuverteilen des Ton-
schlamms werden die Muster wieder aus-
gelöscht und neue Bilder können entstehen.

Im Freien verwischen und verschmieren sie mit
Strohbüscheln den Tonschlamm wie Farbe auf
dem Boden oder auf Gehwegplatten, ver-
streichen ihn mit Laub- oder kleinen Nadel-
zweigen, mischen ihn mit Blättern, Blüten,
klein geschnittenem Stroh, Tannennadeln etc.
und lassen ihn aus der Hand auf Tapeten-
bahnen oder den Boden tropfen.

Körperkunst – eine Aktion für den Sommer 

Tonreste werden gründlich mit Wasser vermischt
und durchgeknetet. Im Töpferbedarf kann man
auch verschiedenfarbiges Tonmehl besorgen, das
mit Wasser angerührt wird. Die Kinder bemalen
sich dann gegenseitig mit dem Tonschlamm, die
Hände, die Füße, den ganzen Körper. Bei man-
chen Naturvölkern werden solche Bemalungen
bei rituellen Tänzen angefertigt oder sie dienen
zum Schmuck bei großen Festen.

Die Kinder tauchen ihre Hände oder Füße in

den Tonschlamm, lassen ihn etwas antrocknen
und schmücken sich dann mit schönen Naturmaterialien, z. B. Muscheln, Blüten, Blätter,

kleine Steine, Zapfen etc. Gegenseitig bewundern sie ihre schönen „Handschuhe" und
„Socken". Zum Abschluss der Aktion wird der
Tonschlamm draußen mit einer Gießkanne oder
einem Gartenschlauch wieder abgespült. (Bitte
nicht drinnen abspülen, Abflüsse können durch
das feine Tonmehl verstopfen!)

Im Hutsalon

Aus alten Wollmützen, Tüchern und Kappen
gestalten die Kinder verrückte Hutmodelle. Dazu
werden sie ebenfalls in den Tonschlamm ge-
taucht, etwas ausgedrückt und dann in verschiedene Formen gebracht. Zur Unterstützung
bestimmter Formen werden die Tonschlamm-
tücher und -Mützen am besten über umgedreh-
te Schüsseln und Eimern gelegt. Sie lassen sich
dann besser modellieren. Wenn die Grundfor-
men ein wenig angetrocknet sind, verzieren die
Kinder sie mit Naturmaterialien, bunten Bändern, Perlen und Federn. Im Anschluss gibt es
dann eine Hutmodenschau, bei der die Kinder
ihre Entwürfe und Kreationen auf einem Lauf-
steg vorführen. Natürlich darf ein Fotograf bei
der Hutmodenschau nicht fehlen!

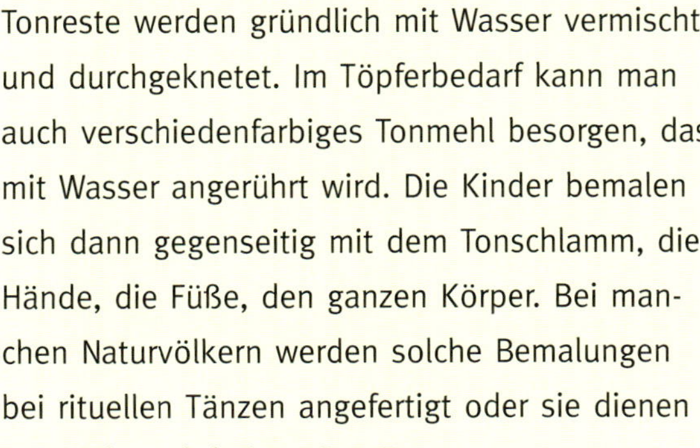

Fantastische(s) Gestalten – Figuren und Skulpturen

Schon kleine Kinder haben Freude daran, Figuren aus Knetmasse zu formen. Beim kreativen Gestalten mit Knetmasse werden verschiedene Sinnesempfindungen angesprochen und als Erfahrung gespeichert: Knetmasse ist weich und biegsam zwischen den Fingern, sie wird durch Körperwärme warm, sie riecht und ihre Farben leuchten. Auch andere Werkstoffe lassen sich mit allen Sinnen erleben: Kleister ist klebrig und lässt sich nur schwer von den Händen waschen, Ton schmiert und färbt, Gips ist kühl und feucht. Manche Kinder müssen sich erst überwinden, um diese Stoffe anzufassen. Doch über das unmittelbare sinnliche Tasten, Fühlen und Erleben erschließt sich den Kindern beim Formen und Gestalten eine vielschichtige, interessante Welt.

Knetkunst · Spiel

Die Kinder formen aus bunter Knete Fantasiefiguren, z.B. Feen, Elfen, Kobolde, Zwerge, Fabeltiere. Sie überlegen sich, an welchem geheimnisvollen Ort ihre Fantasiefigur stehen oder liegen soll. Jedes Kind sucht sich drinnen oder draußen eine geeignete Stelle aus; die Figuren sitzen dann vielleicht auf weichen Mooskissen, liegen in einem Rindenbettchen, schauen aus einer Baumhöhle, stehen auf einem abgesägten Baumstamm, liegen unter Farnwedeln, ruhen auf dem weichen Waldboden aus...

Knetmasse selbst gemacht

Knetmasse lässt sich schnell nach folgendem Rezept zubereiten:
400 g Mehl mit 200 g Salz und 2 Esslöffeln Alaun-Pulver (aus der Apotheke) vermischen, dann mit 1/2 l kochendem Wasser, 2 Esslöffeln Öl und ein paar Tropfen Lebensmittelfarbe zu einer geschmeidigen Masse verkneten. In gut verschlossenen Frischhaltedosen bleibt die Knetmasse lange weich.

Was ist das? · Spiel

Geformte Abbilder von Tieren, Göttern und bekannten Persönlichkeiten haben die Menschen schon immer fasziniert. So staunen wir noch heute über Marmorfiguren aus der Antike, bewundern kunstvoll geschnitzte Holzskulpturen und detailreiche Figuren aus Bronze oder ande-

ren Materialien. Skulpturen laden zum Berühren und Begreifen ein, wollen in ihrer Ganzheit erfasst und erlebt werden. Die Kinder tasten sich an das Geheimnis von kunstvollen Skulpturen und Plastiken heran. Manche Museen bieten von Zeit zu Zeit auch Führungen zum Anfassen an. Es lohnt sich nachzufragen, wann eine solche Führung stattfindet!

Auf einem Tisch in der Kreismitte liegen verschiedene Werkstoffe bereit, z.B.:

- rauer, unbehauener Stein,
- glatt polierter Marmor
  oder fein geschliffener Speckstein,
- raues und glattes Holz,
- geschmirgeltes und geöltes Holz,
- eine kleine geschnitzte Figur,
- eine kleine Bronzefigur,
- eine Maske aus Gips,
- eine gebrannte Tonschale.

Die Kinder ertasten die verschiedenen Materialien und versuchen, sich ihre Besonderheiten einzuprägen. Zum Schluss finden die Kinder in einem Ratespiel heraus, welche Materialien sie auch mit geschlossenen oder verbundenen Augen wiedererkennen.

Schaukelnde Fabelwesen

Die Künstlerin Niki de Saint Phalle (1930–2002) hat viele Skulpturen nur für Kinder gemacht, wunderschöne Fantasiegestalten, die zum Betasten, Spielen, Klettern, Rutschen und Verstecken einladen. Die Kinder bauen ein schaukelndes Fabelwesen, das sich wie ein Stehaufmännchen immer wieder aufrichtet, wenn man es umstößt. Aus einem großen Luftballon, auf den mehrere Lagen Kleister-

papier oder ein bis zwei Lagen Gipsbinden aufgebracht werden, entsteht die Grundform. Sind die Lagen gut durchgetrocknet, schneidet man oben in die Form ein kleines Loch und entfernt den Luftballon. Damit aus dem Ballon ein Stehaufwesen werden kann, füllt man die entstandene Form zu fast einem Drittel mit flüssigem Gips und lässt ihn gut durchhärten. Dann kann das Fabelwesen ausgestaltet werden. Einen Kopf kann man mithilfe eines kleinen Luftballons, der mit Kleisterpapier oder Gips überzogen wird, herstellen. Am Kopf befinden sich vielleicht Hörner, Flügel oder ein Geweih. Den Kopf befestigt man nach dem Trocknen mit doppelseitigem Klebeband am Körper. Anschließend können die Kinder den Körper des Fabelwesens mit buntem Papier, Folie, Glitzersteinen, Farbe, Glimmer, Spiegelscherben, Federn etc. verzieren. Der Kopf bekommt ein Gesicht, wer mag kann auch Haare aus Wolle oder Fell ankleben.

Pantomime – Sprechen ohne Worte

Kinder stellen im freien Spiel ganz selbstverständlich mit vollem Körpereinsatz und sprühender Fantasie ihr eigenes Selbst dar. Sie spielen ihre Träume, Erfahrungen und Erlebnisse. Im Spiel bewältigen Kinder mithilfe ihrer Fantasie auch ihre Probleme. Der Antriebsmotor ist ihre Neugier aufs Leben und ihre Lust am Entdecken. Körperlicher Ausdruck gehört zum Menschen und besonders jüngere Kinder sind in ihrer Offenheit und Spontaneität mit einer erstaunlichen Vielfalt an pantomimischen Fähigkeiten ausgestattet. In angeleiteten pantomimischen Spielen können wir Kinder ermuntern, sich selbst darzustellen, mit mimischen und gestischen Ausdrucksmöglichkeiten zu experimentieren und wir können ihnen helfen, eine genaue Beobachtungsgabe zu entwickeln – eine gute Basis für soziales Lernen.

Pantomimebaustelle 

Die Pantomimebaustelle ist ein großer, möglichst leerer Raum mit viel Platz zum Bewegen. Hier werden Körperbewegungen in schnellen Abfolgen von vielen Kindern gleichzeitig ausgeführt. Ungefähr alle 30 bis 60 Sekunden werden neue Spielanweisungen gegeben. Dieses Aufwärmspiel soll die Lust auf Bewegung und Körperausdruck fördern und allen Kindern Raum für Fantasie und Selbstdarstellung eröffnen. Wichtig: Es gibt keine Bewertungen und kein Richtig oder Falsch. Es wird möglichst nicht gesprochen:

* Wir gehen durch den Raum und achten auf uns selbst,
* wir schauen die Gesichter der anderen an und lächeln,
* wir haben Geburtstag, bekommen ein schönes Geschenk und springen vor Freude in die Luft,
* wir gehen wie eine Marionette,
* wir gehen wie ein Wackelpudding,
* wir tragen einen schweren Koffer zum Bahnhof,

- unser Schiff ist gesunken, wir retten uns auf eine kleine Rettungsinsel, es ist sehr eng,
- wir sind in einem fremden Land und begrüßen uns, wir schütteln viele Hände,
- wir befinden uns in einem Land, in dem das Gehen verboten ist, wir erfinden neue Möglichkeiten der Fortbewegung,
- die ganze Gruppe ist ein Luftballon, wir bilden einen engen Kreis, gehen in die Hocke, fassen uns an den Händen; langsam wird der Ballon aufgeblasen – alle pusten und werden größer, bis der Ballon platzt und alle nach hinten fliegen,
- wir haben auf der Pantomimebaustelle alle hart gearbeitet, wir gehen müde durch den Raum, wir verabschieden uns voneinander.

Spiegelspiel

In diesem Pantomimespiel steht die genaue Beobachtung von Mimik und Gestik eines Partners im Vordergrund. Immer zwei Kinder stellen sich paarweise gegenüber. Ein Kind beginnt mit einer selbst ausgedachten, langsamen Bewegung. Das gegenüberstehende Kind hat die Aufgabe, ohne Worte die vorgemachten Bewegungen wie ein Spiegelbild gleichzeitig mitzumachen.

Pantomimememory

Für dieses Pantomimememory werden entweder eigene Memorykarten gemalt oder es werden aus einem vorhandenen Memoryspiel geeignete Karten ausgewählt. Zwei Kinder gehen kurz vor die Tür und alle anderen Kinder ziehen jeweils ein Pantomimekärtchen, ohne es den anderen Kindern zu zeigen. Jedes Kind überlegt, wie es das Bild darstellen möchte und begibt sich auf die „Spielbühne". Wenn alle Kinder auf der Bühne stehen, werden die beiden wartenden Kinder hereingerufen. Alle Kinder beginnen gleichzeitig ihre Bewegungen durchzuführen. In jedem Memoryspiel sind immer zwei gleiche Karten vorhanden, sodass nun auch immer zwei Kinder ähnliche oder sogar gleiche Bewegungen vorspielen. Die ratenden Kinder versuchen, die Pantomimepaare zu finden. Hat ein Kind zwei Kinder entdeckt, die ein Memorypaar sein könnten ruft es laut: Stopp! Alle Kinder erstarren auf der Stelle. Die Kinder zeigen ihre Kärtchen und wenn das Kind richtig geraten hat, bekommt es die Kärtchen ausgehändigt. Das Memorypaar geht von der Bühne und das Spiel wird fortgesetzt, bis alle Paare gefunden wurden.

Ursprünge der Pantomime

Bereits in den Ausdrucksformen der Urvölker und auch bei den heutigen Naturvölkern finden sich in Maskentänzen und rhythmischen Gruppenbewegungen Elemente pantomimisch dargestellter Handlungen und Erlebnisse. Eindrücke aus der Natur, Naturgewalten und Naturbeobachtungen wie Wind und Wasserbewegungen werden körperlich nachgeahmt, ausgedrückt und manchmal auch „herbeigespielt". Freude, Trauer, Feste, Jagd, Ernte, aber auch Unglück und Übersinnliches finden Ausdruck in körperlichen Gebärden, um die Herausforderungen des Lebens zu verstehen und gemeinsam zu bearbeiten.

Ohrenschmaus – Aus Tönen wird Musik

Musik ist eine Sprache, die auf der ganzen Welt gesprochen wird. Musik beeinflusst unser Befinden. Musik können wir hören und fühlen. Töne, Melodien und Rhythmen verbinden sich zu Liedern und Instrumentalstücken. Sie lösen Bilder, Empfindungen und Erinnerungen in unserem Innern aus. Musik wirkt auf den ganzen Körper: auf Kreislauf, Atmung, Herz, Nerven, Geist und Seele. Durch die Musik erzählen Menschen von ihren Gefühlen und Erlebnissen. Sie bringen mit Musik Stimmungen wie Freude, Glück, Melancholie, Schmerz, Trauer und Wut zum Ausdruck.

Hundertfünfundfünfzig Töne

Hundertfünfundfünfzig Töne,
tiefe, hohe, leise, schöne,
krabbeln in mein Ohr hinein,
laden mich zum Singen ein.
Hokuspokus, Klanggewitter!
Ohne Wackeln und Gezitter
summ ich eine Melodie,
einfach so und irgendwie!

Trommelwirbel

Die Trommel ist eines der ältesten Instrumente. Auf ihr wird die Urmusik des Menschen gespielt, denn die Sprache der Trommel ist der Rhythmus. Die Trommel verkörpert den Herzschlag und den Puls des Lebens.

Die Kinder senden sich Trommelbotschaften: Ein Kind beginnt, einen Rhythmus zu schlagen, das nächste Kind nimmt den Rhythmus auf und so folgen alle anderen, bis die ganze Gruppe trommelt. Anschließend ruft ein Kind mit seiner Trommel, indem es einen bestimmten Rhythmus vorspielt, und alle anderen Trommler antworten ihm. Wenn der Trommelwirbel so richtig in Schwung gekommen ist, tanzen die Kinder zum Rhythmus der Trommeln. Sie hüpfen und springen im Kreis herum wie die Indianer, tanzen zur Kreismitte und wieder nach außen oder tanzen in einem Außen- und Innenkreis in verschiedene Richtungen.

Tanzlied

In uns steckt Musik, die nach außen dringen will: Wir summen Lieder, pfeifen vor uns hin, die Zehen wippen im Takt, die Hände klatschen den Rhythmus, im Tanzen und Springen drücken wir fröhliche Stimmung aus. Die Kinder stehen im Kreis und singen gemeinsam das Tanzlied. Zuvor werden die Kinder bestimmt, die zu den Anweisungen in den einzelnen Strophen tanzen.

Boogie-Woogie (Melodie überliefert: Jack saß in der Küche mit Tina, Text: Annemarie Stollenwerk)

Tom tanzt Boogie-Woogie mit Jana (3x)
und sie hüpfen dabei fröhlich im Kreis:
und das geht links, rechts,
schnipp-schnipp-schnipp, (3x)
und sie hüpfen dabei fröhlich im Kreis.

Tim tanzt Wiener Walzer mit Rosi (3x)
und sie dreh'n sich dabei fröhlich im Kreis:
Eins, zwei, Wiegeschritt, (3x)
und sie dreh'n sich dabei fröhlich im Kreis.

Kathi ist gerne Ballerina (3x)
und sie trippelt dabei fröhlich im Kreis:
vor, rück, hoch das Bein (3x),
und sie trippelt dabei
fröhlich im Kreis.

Max tanzt Rock'n Roll mit Lisa (3x)
und sie stampfen dabei fröhlich im Kreis:
Ferse, Spitze, klatsch, klatsch, klatsch (3x),
und sie stampfen dabei fröhlich im Kreis.

Wörterklang und Sprachmusik – Sprachentwicklung

Schon lange bevor ein Kind den Sinn der gesprochenen Sprache versteht, kann es an der menschlichen Stimme die Stimmung der Wörter begreifen. Der Weg zur Sprache führt über die Emotion und so klingt die Sprachmusik eines Wiegenliedes vor allem nach Beruhigung und Vertrautheit. Die Inhalte von Wörtern sind für die Wahrnehmung bei Kindern zunächst zweitrangig. Dagegen steht das Erleben von Tonlagen sowie die Unterscheidung von laut – leise, vertraut – fremd, beruhigend – aufregend an erster Stelle. Kinder beginnen bald sich mitzuteilen, zunächst durch Schreien, dann durch Laute und Wörter. Auch beim Erlernen von Sprache ist das Gefühl des Verstandenwerdens, das genaue Hinhören und Aufgreifen der noch unfertigen Kindersprache, das lustvolle Sprechen und Singen mit dem Kind ein wichtiger Baustein der Sprachentwicklung. Das sinnliche Erleben von Wörterklang und Sprachmusik vom Kleinkindalter an in Finger-, Krabbel-, Kniereiterspielen, Reimen, Liedern und später in lyrischen Gedichten und Poesie eröffnet Kindern einen Zugang zu Sprachgenuss und kreativem Sprachgebrauch.

Erfundene Erlebniswörter 

Die Kinder erfinden lautmalerische Erlebniswörter. Ein Kind geht in die Kreismitte und bekommt ein bekanntes, leicht darstellbares Wort ins Ohr geflüstert, z. B. Sonne, Blitz, Luftballon usw. Es erfindet spontan ein neues, noch nie da gewesenes Erlebniswort, ohne das gesuchte Wort zu verwenden. Beispiele: Aus Sonne könnte „Schwitzischwatziheißiballi", aus Blitz „Zickezackeritzflitz", aus Luftballon „Knalliballipingpangpeng" werden. Dazu können Bewegungen gemacht werden, die den anderen Kindern das Raten des gesuchten Wortes erleichtern.

Zungenbrecher 

Zungenbrecher fehlerfrei sprechen zu können, empfinden Kinder als spannende sprachliche Herausforderung. Versprechen ist erlaubt und lustig. Das freiwillige Trainieren des Zungenbrechers wird unter Kindern schnell zur sportlichen Disziplin. Wie oft kann der Zungenbrecher hintereinander fehlerfrei gesprochen werden?

Zehn zahme Ziegen zogen zehn Zentner Zucker zum Zoo.

- Der Potsdamer Postkutscher putzt den Potsdamer Postkutschenkasten.
- Es klapperten die Klapperschlangen, bis ihre Klappern schlapper klangen.
- Wir Wiener Waschweiber wollen weiße Wäsche waschen, wenn wir wüssten, wo warmes Wasser wäre.
- Der Leutnant von Leuthen befahl seinen Leuten, nicht eher zu läuten, als bis der Leutnant von Leuthen seinen Leuten das Läuten befahl.
- Brummige Braunbären backen butterzarte Blaubeertörtchen.

Klatschspiel

Überkreuzbewegungen beider Hände über die eigene Körpermitte trainieren die Zusammenarbeit beider Gehirnhälften. Das rhythmische Sprechen und Klatschen fördert die Konzentration und einen guten Atemrhythmus. Die Kinder sitzen sich paarweise gegenüber und erfinden zu dem folgenden Klatschspielvers einen eigenen Klatschrhythmus mit den Händen.

Die Lieselott' war krank, krank, krank,
da sprang sie in den Schrank, Schrank, Schrank,
da kam der Doktor Liebenbeck,
er kriegte einen Schreck, Schreck, Schreck.
Der Doktor suchte überall,
sogar im Hühner-Hühnerstall.
Das Suchen hatte keinen Zweck,
die Lieselott' war weg, weg, weg!
Da hüpfte aus dem Schrank hinaus
die kleine, süße Maus, Maus, Maus.
Die Lieselotte war so nett,

sie hüpfte schnell ins Bett, Bett, Bett.
Da kam der Doktor Liebenbeck,
er kriegte einen Schreck, Schreck, Schreck,
im Koffer mit der Medizin,
da waren lauter Bonbons drin!

Der Kuckuck

Der Kuckuck auf dem Zaune saß,
es regnet sehr und er ward nass.
Da kam der liebe Sonnenschein,
da ward der Kuckuck hübsch und fein.
Da schwang er sein Gefieder
wohl übern See hinüber.
Kuckuck.

Gedichtspiele

Das Gedicht wird den Kindern mehrmals hintereinander vorgelesen und jedes Mal bekommen sie eine andere Spielaufgabe:

- sie zählen, wie oft sie das Wort Kuckuck hören,
- sie stehen im Kreis und hüpfen beim Wort Kuckuck in die Luft,
- sie begleiten die gesprochenen Worte mit pantomimischen Bewegungen,
- sie erfinden ein Kuckuck-Fingerspiel,
- sie spielen paarweise ein Klatschspiel zum Gedicht,
- wenn sie das Gedicht auswendig kennen, singen sie ein Kuckuckslied mit einer erfunden Melodie und begleiten es mit Instrumenten,
- sie flüstern das Gedicht gemeinsam,
- sie tanzen einen Kuckuckskreistanz und gehen beim Wort Kuckuck in die Hocke,
- sie tanzen das Gedicht als Ballett oder als modernen Tanz.

Kochkunst –
Mit Kindern tafeln

Kinder helfen gerne beim Kochen und Backen. Sie schnippeln mit Eifer Gemüse und Obst, mixen Teig, rühren, kneten und probieren genussvoll mit den Fingern. An einem schön gedeckten Tisch sitzen sie später zusammen und schmausen mit Appetit das, was sie selbst zubereitet haben. Kerzenschein und ruhige Musik zaubern eine stimmungsvolle Atmosphäre, bei der das Essen noch mal so gut schmeckt und zu einem ganz besonderen Erlebnis wird.

Drachenbankett

Auf Burg Falkenstein ist heute ein besonderer Tag: König Heinrich und Königin Kunigunde laden zum Drachenbankett ein, denn ihre Tochter, Prinzessin Viola, ist von den königlichen Bogenschützen aus der Hand eines gefährlichen Drachen befreit worden. Kulinarische Köstlichkeiten, Musik und Tanz hat der König seinen Untertanen zur Feier des Tages versprochen. Schon seit dem frühen Morgen herrscht in der Burgküche reges Treiben. Bis zum Sonnenuntergang sollen alle Speisen und Getränke vorbereitet sein und der große Saal der Burg in festlichem Glanz erstrahlen. Doch bis dahin gibt es noch viel zu tun!

Mandala-Wappen

Zu Ehren der Bogenschützen und ihrer Familie hat König Heinrich als Dank alle Köstlichkeiten der Welt herbei-schaffen lassen. Die Küchenmädchen richten mit viel Liebe und Sorgfalt Obst und Gemüse zu einem essbaren Mandala-Wappen an: Auf einem schönen Tuch, das über einen großen Tisch gebreitet ist, legen die Kinder aus verschiedenen Nahrungsmitteln ein Mandala. Das Mandala ist in vier Farbzonen unterteilt:

Rot: Kirschen, Erdbeeren, Johannisbeeren, Tomaten.

Grün: Bohnen, Erbsen, Brokkoli, grüne Weintrauben.

Blau: Heidelbeeren, blaue Weintrauben, Pflaumen, Brombeeren.

Gelb/Orange: Aprikosen, Zitronen, Möhren, Pfirsiche.

Aus dem Gemüse wird später eine leckere Suppe und aus dem Obst ein fruchtiger Obstsalat zubereitet.

Glücksbrötchen

In der Küche sind eifrige Bäcker und Köche am Werk. Aus 1000 g Mehl oder Weizenvollkornmehl, 2 Tütchen Trockenhefe, 500 ml lauwarmem Wasser, 1 bis 2 TL Salz und 4 EL Öl wird ein Hefeteig zubereitet. Nach dem Gehen kneten die Kinder den Teig kräftig durch und formen lustige Glücksbrötchen, z.B. Schnecken, Kringel oder kleine Zöpfe. Auf dem Blech müssen die Brötchen noch

einmal ca. 20 Minuten gehen. Vor dem Backen bestreichen die Kinder sie mit etwas Milch. Dann werden die Brötchen in den kalten Ofen geschoben und bei 180 °C ca. 15 bis 20 Minuten gebacken. In einigen der Brötchen werden „Silbermünzen" (Centstücke in Alufolie eingewickelt) versteckt. Wer beim gemeinsamen Schmausen eine „Silbermünze" findet, ist ein richtiger Glückspilz!

Burgfräulein-Bowle

Die Kinder kochen 2 l Früchtetee und lassen ihn ganz abkühlen. Dann gießen sie zwei Liter roten Traubensaft und eine Flasche Mineralwasser dazu und geben ca. 400 g in Stücke geschnittene Nektarinen oder Honigmelone in die Bowle.

Gemüsequark

Die Kinder verrühren 500 g Magerquark mit 3 bis 4 EL Jogurtsalatcreme und würzen ihn mit Salz, Pfeffer und mildem Currypulver. Dann schneiden sie zwei rote und eine gelbe Paprika in feine Würfel und fügen sie hinzu. Zwei Bund Schnittlauch und 2 bis 3 hartgekochte Eier werden fein gehackt und auch untergerührt. Der Gemüsequark muss ca. eine Stunde durchziehen. Er schmeckt gut zu Rohkost aus Möhren, Gurke, Kohlrabi und Paprika.

Tischdekoration

Die Kinder schmücken eine festliche Tafel für das Drachenbankett des Hofstaates:

- Als Tischdecke legen sie roten Pannesamt oder rot eingefärbte Bettlaken auf.
- Zur Tischdekoration füllen sie z.B. Rindenstücke mit Moos und schmücken sie mit einzelnen schönen Blüten.

- Einmachgläser oder andere große Gläser füllen die Kinder mit Kieselsteinen und stellen dicke Stumpenkerzen hinein.
- Aus dicken Holzstücken werden urige Kerzenhalter. Die Kinder schmirgeln das Holz an der Schnittfläche glatt und schlagen einen Nagel hinein. Darauf befestigen sie eine dicke Kerze.

Das Fest beginnt

An der festlich geschmückten Tafel versammeln sich die Kinder zum gemeinsamen Mahl. Mit einigen Accessoires, z. B. Tücher, Hüte etc., verwandeln sich die Kinder in Ritter und Burgfräuleins. Zwei Kinder spielen mit einer goldenen Krone auf dem Kopf das Königspaar. Ein fröhliches Fest beginnt!

Das moderne Leben verspricht Zeitgewinn durch Schnelligkeit – auf dem schnellsten Weg von einem Ort zum anderen. In schnellen Autos, schnellen Zügen, schnellen Flugzeugen rauscht der Fahrtwind kaum spürbar an uns vorbei und fegt alle sinnlichen Reize des Reisens hinweg. Im Schneckentempo unterwegs sein, reizt die Sinne zu genauem Hinschauen und Entdecken, zum Hinhören und Lauschen, zum Riechen und Schnuppern, zum Tasten und Begreifen. Langsamkeit schafft Zeit für Abenteuer und Entdeckerlust.

Das Faultier als Regisseur

Faultiere verdienen ihren Namen zu Recht. Stundenlang hängen sie kopfüber an Ästen, ohne sich zu bewegen. Wenn sie sich bewegen, dann mit einer Langsamkeit von höchstens 2 Metern pro Minute. Ihre Trägheit ist ihr Überlebenstrick in der Natur – sie werden von Räubern kaum entdeckt.

Im Regenwald wird ein Film gedreht. Das gemütliche Faultier ist der Regisseur. Das wird der langsamste Tierfilm aller Zeiten. Ein Kind ist das Faultier und bestimmt, in welches Tier sich die Kinder für seinen Film verwandeln sollen, z.B. in Affen, Schlangen, Tiger, Schmetterlinge, Papageien, Mäuse, Bienen usw. Die Kinder bewegen sich frei durch den Raum und lauschen den Anweisungen des Faultiers. Es sagt an, ob sie sich nach rechts, links, vorwärts, rückwärts, hüpfend, tanzend, auf einem Bein, drehend usw. bewegen sollen. Als besondere Schwierigkeit verlangt das Faultier alle Bewegungen der Tiere in Zeitlupe. Der Regisseur wählt nach ein paar Minuten ein Kind als Filmstar für die beste Zeitlupenrolle aus. Nun wird der Zeitlupenfilmstar selber Filmregisseur und darf den nächsten langsamen Tierfilm drehen.

Der Lebensrhythmus

Babys und Kleinkindern gelingt es auf wundersame Weise, augenblicklich in einen Zustand zufriedener Entspannung zu fallen und einzuschlafen, sobald ihre Grundbedürfnisse befriedigt sind. Sie leben von Beginn ihres Lebens an in einem behüteten, automatisch gesteuerten Lebensrhythmus. Erst allmählich meldet sich das wachsende Bewusstsein des Kindes zu Wort und will sich dem Schlaf nicht mehr einfach hingeben, weil es „Wichtigeres" zu entdecken gibt. Die Neugier, die Lust am Ausprobieren, Forschen und Lernen verändert den Lebensrhythmus entscheidend. Neben einem abwechslungsreichen, sinnlichen Beschäftigungsangebot benötigen Kinder eine ausgewogene Zeitgestaltung, in der sich Aktivität und Ruhephasen abwechseln. Den eigenen Lebensrhythmus zwischen Anspannung und Entspannung zu finden, schenkt langfristig Gesundheit und Lebensfreude.

Die Schnecke auf Weltreise 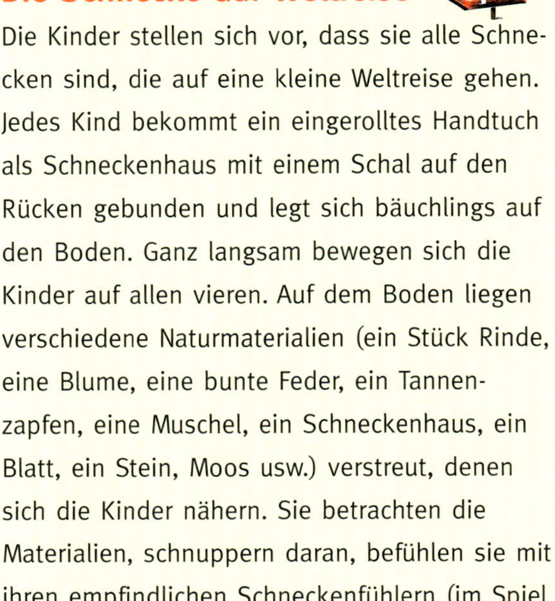

Die Kinder stellen sich vor, dass sie alle Schnecken sind, die auf eine kleine Weltreise gehen. Jedes Kind bekommt ein eingerolltes Handtuch als Schneckenhaus mit einem Schal auf den Rücken gebunden und legt sich bäuchlings auf den Boden. Ganz langsam bewegen sich die Kinder auf allen vieren. Auf dem Boden liegen verschiedene Naturmaterialien (ein Stück Rinde, eine Blume, eine bunte Feder, ein Tannenzapfen, eine Muschel, ein Schneckenhaus, ein Blatt, ein Stein, Moos usw.) verstreut, denen sich die Kinder nähern. Sie betrachten die Materialien, schnuppern daran, befühlen sie mit ihren empfindlichen Schneckenfühlern (im Spiel die eigenen Hände) und versuchen, sich so viele Gegenstände wie möglich zu merken. Am Ende ihrer Weltreise setzen sich alle Schnecken zusammen und erinnern sich gemeinsam, was sie alles auf ihrer Weltreise entdeckt haben.

Der Ginkgobaum 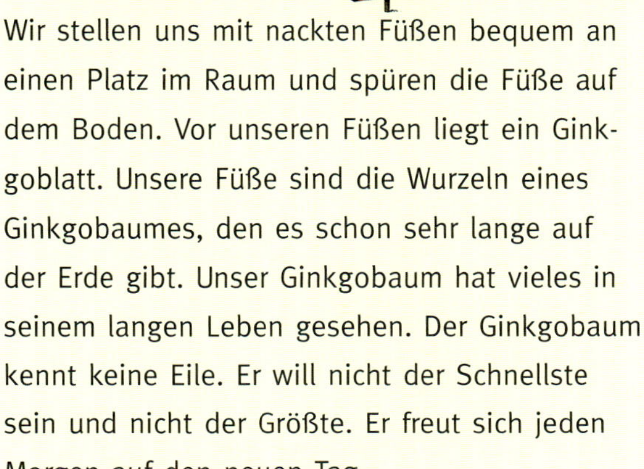

Wir stellen uns mit nackten Füßen bequem an einen Platz im Raum und spüren die Füße auf dem Boden. Vor unseren Füßen liegt ein Ginkgoblatt. Unsere Füße sind die Wurzeln eines Ginkgobaumes, den es schon sehr lange auf der Erde gibt. Unser Ginkgobaum hat vieles in seinem langen Leben gesehen. Der Ginkgobaum kennt keine Eile. Er will nicht der Schnellste sein und nicht der Größte. Er freut sich jeden Morgen auf den neuen Tag.

Die Kinder führen miteinander die Bewegungen des kleinen Gedichtes aus und erleben ein Gefühl der Verbundenheit ihres Baumes mit der Erde. Sie werden sich nach dieser meditativen Bewegungsübung erfrischt fühlen. Das Gedicht hat eine sehr alte Tradition, es stammt aus dem „Morgengruß der Hopi-Indianer". Die Zeilen des Gedichtes werden langsam vorgelesen und mit dem ganzen Körper – Arme, Hände, Rumpfbeuge umgesetzt:

Von unten kommt der Wind,
von oben kommt der Regen.
Von unten wächst ein Baum,
streckt seine Zweige der Sonne entgegen.
Nimmt die Kraft der Sonne in sich auf
und breitet sie über die ganze Welt.
Erntet die Früchte der Erde
und gibt sie an die Erde zurück.

Atempause – Bewusstes Atmen

Das Atmen ist ein selbstverständlicher Vorgang im Körper, den wir uns in der Regel nicht bewusst machen. Unwillkürlich und ohne Einfluss versorgt sich unser Körper bei jedem Atemzug mit lebensnotwendigem Sauerstoff. Beim Sport, beim Rennen und Toben kommen Kinder außer Atem, doch auch Überforderung und Termindruck lassen Kinder atemlos werden und ihren Rhythmus verlieren. Eine tiefe Atmung ist nur möglich, wenn die Atemmuskeln, Sehnen und Bänder im Körper weich und locker sind. Durch bewusstes Ein- und Ausatmen und Wahrnehmen der Atmung können Kinder zu Ruhe und Entspannung finden. Beim bewussten Atmen nehmen sie ihren Körper besser wahr, ihre Gedanken werden mit jedem Atemzug leichter, Körper und Geist entspannen sich und durch gezieltes Atmen erreichen sie eine bessere Sauerstoffversorgung und Durchblutung. Die folgenden Übungen laden dazu ein, das Atmen neu zu entdecken und dabei dem Körper eine wohltuende Verschnaufpause zu verschaffen.

Den Atem wahrnehmen Spiel

Die Kinder legen sich im Kreis auf den Boden. Leise und ruhig atmen sie tief durch die Nase ein und durch den Mund wieder aus.

Was bewegt sich beim Atmen am Körper?

Wie fühlt sich der Atem an, wenn er durch die Nase in den Körper strömt?

Einige Atemzüge lang legen die Kinder ihre Hände auf den Bauch, dann auf die Rippenbögen. Sie spüren nach, wie ihre Hände sich sanft im Atemrhythmus auf und ab bewegen. Anschließend legen sie sich auf den Bauch. Sie atmen tief ein und aus und spüren dabei, wie sich der Bauch gegen den Boden drückt und der Atem in die beiden Körperseiten fließt.

Wie eine Muschel atmen Spiel

Die Kinder liegen mit angewinkelten Beinen auf dem Rücken. Ihre Knie sind geschlossen, ihre Arme strecken sie senkrecht nach oben, dabei berühren sich die Handflächen. Beim Einatmen durch die Nase öffnen sich die Kinder wie eine Muschel: Sie lassen ihre Knie auseinander fallen und breiten ihre Arme zur Seite aus. Beim Ausatmen schließen sie Knie und Hände wieder. Diese Übung wiederholen die Kinder einige Male. Anschließend strecken sie Arme und Beine lang aus.

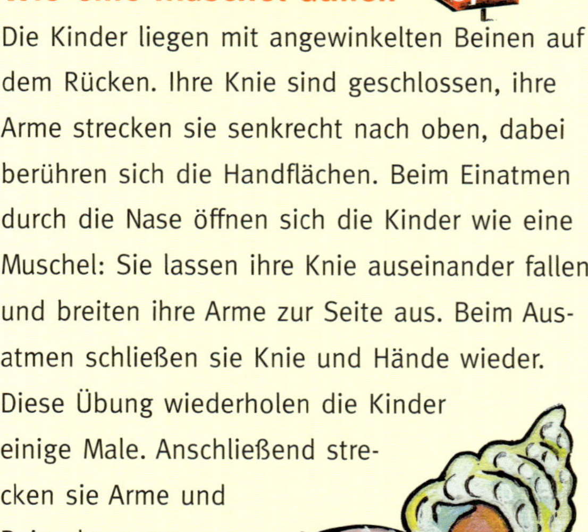

54

Meeresatmung Spiel

Die Kinder liegen auf dem Rücken. Auf ihren Bauch wird eine schöne Muschel gelegt. Tief und gleichmäßig lenken die Kinder den Atemstrom nun in den Bauch, damit sich die Muschel hebt und senkt, als würde sie von den Meereswellen sanft hin und her geschaukelt. Die Kinder spüren bei dieser Übung, wie der Atem ihnen Kraft gibt. Mit den Schaukelbewegungen verbinden sie ein Gefühl von Ruhe und Geborgenheit, das sie entspannt, beruhigt und das Einschlafen erleichtert.

Brüllatmung Spiel

Die Kinder setzen sich in den Fersensitz auf den Boden. Sie stellen sich vor, sie wären ein wilder Löwe. Sie atmen tief ein und beugen sich leicht nach vorne. Dabei reißen sie Augen und Mund weit auf, strecken ihre Zunge heraus und brüllen beim Ausatmen wie ein wilder Löwe. Die Hände legen sie wie gespreizte Krallen auf ihre Knie. Diese Übung hilft, innere Anspannung und Ängste abzubauen.

Frisches Grün atmen Spiel

Grün ist die Farbe des Ausgleichs und der Harmonie. Grün hat entspannende Wirkung, denn es erinnert an Bäume, Wald und Wiesen, an grünes Laub und Sonnenlicht, das durch die Blätter fällt. Draußen oder in einem ruhigen Raum beginnt die folgende Fantasiereise:

Leg dich ganz entspannt auf den Rücken. Achte auf deinen Atem, wie er kommt und wie er geht. Deine Bauchdecke hebt sich beim Einatmen und senkt sich beim Ausatmen. Stell dir vor, du liegst auf einer frischen, grünen Wiese. Stell dir vor, eine kleine Wiesenelfe zaubert nun grüne Farbe in dich hinein. Mit jedem Atemzug, den du einatmest, gelangt das frische Grün der Wiese in deinen Körper.

Der grüne, frische Atem strömt durch deinen Bauch. Von deinem Bauch aus wandert der grüne Atem in deine Beine, zuerst in das rechte, dann in das linke. Spüre, wie deine Zehen langsam grün werden und sich

entspannen. Schicke den grünen, frischen Atem nun in deine Arme, erst in den rechten, dann in den linken. Spüre, wie er langsam durch die Arme in deine Fingerspitzen fließt und sich dort wohlig ausbreitet. Auch in deine Schultern und deinen Kopf fließt der grüne Atem, alle Haare sind grün. Du bist ganz ruhig und entspannt, atmest ruhig ein und aus.

Nach diesem erfrischenden, entspannenden Bad in Grün atmest du die Farbe in ruhigen Atemzügen aus deinem Körper zurück in die Wiese. Deine Bauchdecke hebt sich beim Einatmen und senkt sich beim Ausatmen. Mit einem letzten tiefen Atemzug ist alles Grün aus deinem Körper wieder verschwunden.

Klangreise – Entspannen mit Klängen

schalen der Entspannung. Sie helfen Blockaden und Verhärtungen zu lösen und erzeugen eine tiefe Ruhe.

Klangübungen zeigen Kindern einen Weg zu Ruhe und Entspannung mitten im Alltag. Kinder sind empfänglich für Klänge, sie spüren ihre beruhigende und besänftigende Wirkung. Im aufmerksamen Lauschen öffnen sich Türen zum Innern. Wenn wir gemeinsam auf Klangreise gehen, schaffen wir auch für das Miteinander eine entspannte und behagliche Atmosphäre.

Schon die Griechen und Römer wussten von der heilenden Wirkung von Klängen. So bliesen z.B. die Griechen Töne gegen schmerzende Körperstellen. In der fernöstlichen Medizin dienen Klangmeditationen z.B. mit dem Gong oder mit Klang-

Wie lange?

Klänge kommen aus der Stille und verschwinden wieder in der Stille. Leise lauschen die Kinder einem Ton, bis sie ihn nicht mehr hören können. Die Kinder bilden dazu einen Kreis. Sie setzen sich in den Fersensitz, beugen sich dann nach vorne, bis die Stirn den Boden berührt. Die Arme werden am Boden nach hinten gestreckt. Wie kleine Päckchen lauschen sie in dieser entspannten Haltung den Tönen, die ein anderes Kind erzeugt. Es schlägt z.B. auf ein Becken, spielt einen Ton auf der Triangel oder bringt mit dem Klöppel eine Klangschale zum Schwingen. Jedes Kind entscheidet selbst, wann es den angeschlagenen Ton nicht mehr hören kann, indem es sich langsam und ruhig wieder in den Fersensitz aufrichtet.

Klangdusche

Die Kinder setzen sich im Kreis auf den Boden. Sie schließen ihre Augen und achten auf den ruhigen Fluss ihres Atems beim Ein- und Aus-

atmen. Eines der Kinder hält ein Becken in der
Hand. Es geht leise um die sitzenden Kinder
herum. Bei einem Kind bleibt es stehen und
schlägt das Becken über dem Kopf des Kindes
ganz sanft an. Das sitzende, lauschende Kind
kann den Klang und die Vibration des Beckens
wie eine Dusche vom Kopf über den ganzen
Körper spüren. Auch Bauch oder freuen sich
über eine solche Klangdusche.

Klangmassage

Klänge wirken ausgleichend. Die Kinder bilden
Paare und verwöhnen sich gegenseitig mit einer
wohltuenden Klangmassage. Ein Kind legt sich
gemütlich auf den Rücken und schließt seine
Augen. Sein Partner kniet sich daneben und rollt
mit einem weichen Filzball, in dem ein Glöckchen
versteckt ist, oder mit einer kleinen Klangkugel
in kleinen Kreisbewegungen über Arme und Beine. Wer mag, kann sich in Bauchlage auch den
Rücken massieren lassen. Das liegende Kind
bestimmt das Ende der Klangmassage, anschließend werden die Rollen getauscht.

Körperklänge

Die Kinder bilden kleine Gruppen. Sie legen
sich so nebeneinander, dass jedes Kind sein
Ohr auf den Bauch des Nachbarkindes legen
kann. Nach einigen ruhigen Atemzügen lauschen
die Kinder auf die Körperklänge: das gleich-
mäßige Pochen des Herzens, Gluckern im
Bauch, ein Kichern, ein Husten…
Anschließend erzählen sie sich gegenseitig, was sie gehört haben und
wie sie sich dabei gefühlt haben.

Klangkörper 

Bei dieser Übung erfahren die
Kinder ihren eigenen Körper als Klangraum.
Die Kinder bilden Paare, sie legen sich gegenüber auf den Rücken, sodass ihre Köpfe sich
am Scheitel berühren. Sie schließen ihre Augen,
atmen ruhig ein und aus und versuchen nur
noch ihren Partner zu spüren. Abwechselnd
summen die Kinder eine kleine Melodie, die sie
über ihren Scheitel weitergeben.

In der Klanghöhle

In einer großen Höhle wohnen die Klangzauberer. Sie dienen der Prinzessin Harfinia, die
nur einschlafen kann, wenn die ganze Höhle
von Klängen erfüllt ist. Leise huschen die
Klangzauberer durch das dämmrige Dunkel.
Sobald die Klangzauberer die Tropfsteine, die
von der Höhlendecke hängen, mit ihrem Zauberstab berühren, erklingt wunderschöne Musik.
Ein Kind ist Prinzessin Harfinia. Es legt sich auf
eine weiche Decke und schließt die Augen. Im
halbdunklen Raum verteilt stehen einige Kinder.
Sie stellen die Tropfsteine dar und halten dazu
in der Hand eine Triangel oder eine Klangschale.
Auch sie warten mit geschlossenen Augen auf
die Klangzauberer. Leise schleichen ein paar Kinder als Klangzauberer mit ihren Zauberstäben
(den Triangelstäben oder Klöppeln) durch
die Höhle und bringen die Tropfsteine
zum Klingen. Sie lauschen ihrem
Klang und erst wenn er verklungen
ist, schleichen sie zum nächsten.
Bald füllt sich die Höhle mit
wunderschöner Musik.

Vom Berühren und Berührtwerden – Kuscheln und massieren

Berührt werden und berühren sind wichtige Lebenserfahrungen. In den ersten Lebensmonaten ist Berührung der Motor der Entwicklung des Kindes. Sie prägt sein Wohlbefinden, sein Gefühl von, Geborgenheit und Vertrauen in die Welt. Tägliche, liebevolle Berührungserlebnisse und Massagen – auch für größere Kinder – entspannen Körper, Seele und Geist. Sie helfen, sich konzentriert und wach zu fühlen. Sie verbessern die Durchblutung und lockern die Muskeln. Gegenseitiges Berühren durch sanfte Körper- und Berührungsspiele schafft Nähe und Vertrauen. Kinder lernen, ihren eigenen Körper besser wahrzunehmen.

Glücksvogel 

Für dieses Streichelspiel wird die Gruppe aufgeteilt. Die Hälfte der Kinder setzt sich im Raum verstreut auf den Boden, die anderen Kinder bekommen eine bunte Feder in die Hand und bilden zusammen einen Glücksvogel, der über die Erde fliegt. Sie nehmen sich an die Hände und schweben zu einer ruhigen Musik zwischen den sitzenden Kindern umher. Wenn die Musik kurz aussetzt, lösen sich die bunten Federn vom Zaubervogel ab. Sie wählen ein sitzendes Kind aus und schenken ihm mit der bunten Feder eine Massage. Die Vogelkinder streicheln mit ihrer Feder sanft über die Haare, Hände, Arme, nackten Füße, über die Wangen, die Stirn und die Nase, bis die Musik wieder kurz aussetzt und die Glücksfedern von einem leichten Windhauch (von den sitzenden Kinder durch Pusten dargestellt) in die Luft gewirbelt werden. Der Glücksvogel hat alle seine Federn wieder beisammen und macht sich auf den Weg, um neues Streichelglück zu verschenken.

Kuschelspiel im Nest 

Die Kinder spielen kleine Vogelkinder, die im Vogelnest sitzen und miteinander kuscheln. Es finden sich immer ein paar Kinder zusammen, die sich in einer Kreisform so setzen, dass sie den Rücken des vorderen Kindes vor sich haben. Sie bilden zusammen das runde Nest. Die Finger der Kinder sind ihre Federn und sie beginnen, sich gegenseitig ihr junges Federkleid zu putzen. Dazu streichen sie sich gleichzeitig vorsichtig mit den Fingerspitzen durch die Haare über den Kopf. Wenn die Kinder erfahren, dass sie sehr sanft sein müssen, um das kleine Vogelbaby nicht zu erdrücken, dann kann dieses Kuschel-Massagespiel den liebevollen, verantwortungsvollen Umgang miteinander stärken.

In der Schafherde 

Schafe sind Herdentiere. Sie lieben die Nähe der anderen Tiere und rücken oft nah zusammen. Die Kinder versuchen, wie die Schafe einmal eng zusammenzurücken und die Körpernähe miteinander zu gestalten. Sie probieren aus, wie viele Schafe auf einen Stuhl und auf ein Zeitungsblatt passen, wie viele Schafe sich unter einer Decke verstecken können, wie viele Schafe auf eine Bank, auf eine Schaukel, eine Wippe oder in einen Karton hineinpassen usw. Gegenseitige Rücksichtnahme fördert die Freude am engen Kontakt. Die Kinder haben am Ende dieses Körperspiels die Möglichkeit, über ihre Gefühle zu sprechen und sich mitzuteilen, welche Situationen ihnen angenehm bzw. unangenehm waren.

Rückenmassage 

Wie wäre es einmal mit einer Rückengeschichte, die Hände und Finger auf dem Rücken erzählen? Dazu finden sich zwei Kinder zusammen, von denen sich ein Kind bequem auf einer Decke auf den Bauch legt. Das andere Kind streicht den Rücken zunächst sanft mit den Händen ab und malt nun mit dem Zeigefinger einen großen Baum mit Ästen auf den Rücken des liegenden Kindes. Der Baum bekommt Besuch von vielen Waldtieren:

- Eine **Maus** krabbelt über die Baumrinde, ein Stück nach oben, nach unten und verschwindet wieder in einem Erdloch (mit den Fingerspitzen tippelnde Mäuseschrittchen auf den Rücken malen).
- Ein **Specht** klopft an die Baumrinde (mit einem Fingerknöchel leichte, schnelle Klopfbewegungen machen).
- Viele **Ameisen** krabbeln am Baumstamm hoch (mit Krabbelfingern über den ganzen Rücken krabbeln).
- Eine **Schnecke** schleicht die Rinde hinauf (den Zeigefinger langsam über den Rücken ziehen).
- Ein **Eichhörnchen** springt von Ast zu Ast (die Fingerspitzen einer Hand zusammenführen und über den Rücken springen).
- Eine **Spinne** krabbelt flink und baut ein Netz (mit den breit abgespreizten Fingern einer Hand über den Rücken krabbeln und ein Spinnennetz auf den Rücken malen).
- Ein **Reh** reibt sich mit dem Rücken an der Rinde (mit dem Unterarm über den Rücken reiben).
- Ein **Kind** schreibt mit Kreide seinen Namen auf die Rinde (den eigenen Namen mit Druckbuchstaben auf den Rücken schreiben).
- In einem Vogelnest sind ein paar **Vogelbabys** geschlüpft, sie kuscheln im Nest (einen Kreis als Nest auf den Rücken malen und in kreisenden Bewegungen über den Rücken streichen).

Regina Bestle-Körfer

Regina Bestle-Körfer, geb. 1963, ist Diplom-Sozialpädagogin und seit mehr als 15 Jahren als Autorin und Redakteurin tätig. Sie arbeitet außerdem in der Lehrer- und Erzieher/innenfortbildung und leitet mit großer Spielfreude sinnliche Workshops für Kinder im Vor- und Grundschulalter und für Familien.

Annemarie Stollenwerk

Annemarie Stollenwerk, geb. 1961, Diplom-Sozialpädagogin, arbeitet seit mehr als 15 Jahren als Autorin und Redakteurin. In Zusammenarbeit mit Buchhandlungen und Städtischen Büchereien veranstaltet sie Aktionstage zum Thema Natur- und Sinneserfahrung mit Kindern, Eltern und Lehrern.

Fantasiegeschichten, Spiele und Reime auf den Seiten 14/15, 18/19, 22/23, 26/27, 32/33, 36–43, 46/47 und 54–57 sind von Annemarie Stollenwerk.
Fantasiegeschichten, Spiele und Reime auf den Seiten 10–13, 16/17, 20/21, 24/25, 28–31, 34/35, 44/45, 48–53 und 58/59 sind von Regina Bestle-Körfer.

Literatur

Ayres, Jean: Bausteine der kindlichen Entwicklung, Berlin 1984
Cornell, Joseph: Mit Kindern die Natur erleben, Mülheim a. d. Ruhr 1979
Kreusch-Jacob, Dorothée: Das Musikbuch für Kinder, Mainz 2001
Kükelhaus, Hugo/zur Lippe, Rudolf: Entfaltung der Sinne – Ein Erfahrungsfeld zur Bewegung und Besinnung, Frankfurt 1992
Zimmer, Renate: Handbuch der Sinneswahrnehmung, Freiburg i. Br. 1995

Quellennachweis:

Lied „Bin ganz Ohr" auf S. 27 aus: Dorothée Kreusch-Jacob: Hol dir ein Gelb aus der Sonne, © 2003 Patmos Verlag GmbH & Co. KG, Düsseldorf
Gedicht von Martin Auer auf S. 34 aus: Hans-Joachim Gelberg (Hrsg.): Überall und neben dir, © 1986 Beltz & Gelberg in der Verlagsgruppe Beltz, Weinheim & Basel
Die gelbe Kuh auf S. 39 aus: Angela Wenzel: Franz Marc. Tiere unterm Regenbogen © 1997 Prestel Verlag, München

© Christophorus im Verlag Herder
Freiburg im Breisgau 2005
www.christophorus-verlag.de

Alle Rechte vorbehalten – Printed in Germany

ISBN 3-419-53039-0

Lektorat: Martin Stiefenhofer
Illustrationen: Eva Spanjardt

Coverfotos: Ulrich Niehoff, Karin Winterle, Heidi Velten
Fotos: Regina Bestle-Körfer: S. 8, 13, 16, 34, 35; Ulrich Niehoff: S. 31, 40; Martin Stiefenhofer: S. 30; Annemarie Stollenwerk: S. 42, 43, 51; Heidi Velten: S. 37, 46, 56

Umschlaggestaltung: Network!, München
Layout: Weiß – Grafik & Buchgestaltung, Freiburg
Druck: Himmer, Augsburg 2005

Christophorus
Bücher mit Ideen

3-419-**53028**-5

3-419-**53033**-1

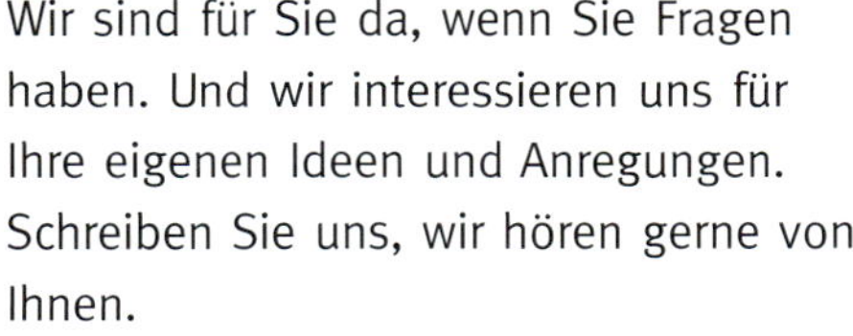

3-419-**53040**-4

3-419-**53041**-2

3-419-**53044**-7

3-419-**53048**-X

Bücher für Kindergarten und Familie

Bücher für Kinder

Hobby- und Bastelbücher

Wir sind für Sie da, wenn Sie Fragen haben. Und wir interessieren uns für Ihre eigenen Ideen und Anregungen. Schreiben Sie uns, wir hören gerne von Ihnen.

Ihr Christophorus-Team

CHRISTOPHORUS

Verlag Herder GmbH
Christophorus Verlag
Hermann-Herder-Straße 4
79104 Freiburg im Breisgau
Telefon: 0761 / 2717–0
Fax: 0761 / 2717–352
E-Mail: info@christophorus-verlag.de